합격하는
승무원은
따로
있습니다

코드원 승무원이 알려주는 승무원 취업 필승 전략

합격하는 승무원은 따로 있습니다

초판 1쇄 인쇄 2020년 9월 11일
초판 1쇄 발행 2020년 9월 18일

지은이 곽원경

발행인 백유미 조영석
발행처 (주)라온아시아
주소 서울특별시 서초구 효령로 34길 4, 프린스효령빌딩 5F

등록 2016년 7월 5일 제 2016-000141호
전화 070-7600-8230 **팩스** 070-4754-2473

값 15,000원
ISBN 979-11-90820-77-6 (03190)

합격하는 승무원은 따로 있습니다

CODE1

곽원경 지음

RAON BOOK

프롤로그

위기의 또 다른 이름은 '기회'다

취업을 포기할 것인가, 아니면 도전할 것인가

점점 더 취업하기 어려워지고 있다. 경기 불황과 경제 저성장뿐만 아니라 4차 산업혁명 시대를 맞아 인공지능(AI)으로 인력구조가 대체된다는 위협도 있다. 이제는 전염병까지 전 세계적으로 퍼지고 있다. 2020년 초 세계를 강타한 코로나19의 팬데믹(Pandemic) 상황으로 인해 취업 시장은 그야말로 꽁꽁 얼어붙었다. 경영 환경이 불투명해진 기업들은 대규모 공채보다는 필요 인력을 그때그때 뽑는 소규모 수시 채용으로 전환했고, 하늘길이 막히면서 직격탄을 맞은 항공사들의 신규 채용은 사실상 중단되었다.

보통 1980년대 초부터 2000년대 초에 태어난 세대를 일컫는 밀레니얼 세대는 경제적인 풍요로움과 양질의 교육 환경 속에서 자라오면서 부모 세대처럼 배를 굶지는 않았다. 그 대신 IMF와 글로벌 금융위기라는 굵직한 경제 위기를 두 차례나 겪었다. 게다가 전염병이 전 세계에 퍼지면서 부모 시대와는 또 다른 어려움을 겪고 있다. 치열한 경쟁 사회에서 살아남기 위해 대학 입시라는 큰 산을 넘어도 취업이라는 더 큰 산맥을 넘기 위해 고군분투해야 한다.

사회적인 문제를 간과할 수는 없겠지만, 지금이야말로 변화하는 환경의 큰 흐름을 제대로 읽고 자신을 한 번 돌아보아야 할 시점이다. 상황이 어려우니 N포 세대(어려운 사회적 상황으로 인해 취업이나 결혼 등 여러 가지를 포기해야 하는 세대)답게 취업을 포기할 것인지, 아니면 시대의 변화에 맞춘 업그레이드된 인재로 거듭날 것인지 고심해야 한다. 지금 서 있는 곳이 사막 한복판이라 하더라도 타는 듯한 태양을 원망하며 마냥 주저앉아 있을지, 오아시스를 찾아 한 걸음이라도 앞으로 내디딜 것인지는 나 자신의 선택이다.

미리 준비한 자만이 기회의 손을 잡는다

대학 시절 전공이 어문계열인 탓에 많은 대학 친구들이 해외 어학연수를 떠났다. 아무리 학원을 다니고 나름대로 공부를 한다고 해도 좀처럼 외국어 실력이 늘지 않는 나와는 달리, 1년 정도 어학연수를 다녀온 친구들은 토익 고득점을 쉽게 올렸다. 영어 에세이도 척척 써냈고 해외에서 외국 친구들과 여행 다닌 사진들을 자랑스레 내밀었다. 그 광경을 보며 한없이 부러웠다. 나도 어학연수를 떠나 외국에서 한번 살아보고 싶었다. 하지만 아버지가 돌아가신 후에 어머니가 간간이 친정의 도움을 받으면서 혼자서 나를 빠듯하게 키워온 탓에 경제적 부담을 지우는 일은 차마 할 수 없었다. 게다가 대학 입시를 앞둔 고3 때는 어머니가 친구의 빚보증을 잘못 서서 수억 원대의 빚더미에 올라앉기까지 했다. 그래서 서울로 대학을 지원하고 싶은 마음도 접고 등록금이 저렴한 인근 국립대에 진학했다. 하루라도 빨리 대학을 졸업해야 딸 하나만 바라보며 외롭게 살아온 어머니에 대한 도리를 다할 수 있다고 생각했다.

어느덧 졸업은 다가오고 어떤 회사에 지원해야 하는지 고민하느라 잠을 이룰 수 없었다. 어디서부터 뭘 어떻게 취업 준비를 시작해야 할지 몰라서 막막했다. IMF 시절에 대학을 다녔기 때문에 취업이 만만치 않게 힘든 시기였다. 그러던 어느 날, 선배 한 명이 긴 머리를 단발로 자르고 세련된 모습으로 학교에 나타났다. 갑자기 변한 선배의 모습에 어리둥절했는데, 알고 보니 대한항공 승무원으로 합격한 것이었다. 그때 무릎을 '탁' 치며 저거다 싶었다. 근무지가 서울이고, 게다가 외국도 다닐 수 있다니! 적어도 나에게는 승무원이 서울로 대학을 진학하지 못한 한풀이를 할 수 있고 외국을 내 집처럼 드나들 수 있게 해주는 꿈의 직업이었다.

다음 승무원 채용 공고까지 적어도 6개월에서 1년은 기다려야 했다. 목표가 생기자 그때부터 착실하게 준비하기 시작했다. 사투리도 고쳐야 했고 선머슴 같은 패션 센스도 다듬어야 했고 토익 시험을 준비했고 수영도 배웠다. 한창 준비에 매진하고 있는데 생각보다 빨리 아시아나항공에서 비정기 채용 공고가 나왔다. 첫 지원이었지만 운이 좋게도 합격해 이후 17년이 넘게 근무했다.

준비 없이 기회가 오면 당황스럽겠지만 계속 준비를 하다 보면 내가 기대했던 것보다 훨씬 빨리 기회가 나타나는 경험을 수차례 해왔다. 그 기회는 애초에 내가 준비할 때 생각했던 것보다 훨씬 더 큰 보상을 안겨줬고, 지금에 와서 나는 그것을 행운이라고 말할 수 있다.

위기의 또 다른 이름은 '기회'다. 기회는 마치 혜성처럼 예고 없이 갑자기 나타났다 사라진다. 미리 준비하지 않으면 막상 그 기회가 나타났을 때 놓칠 수밖에 없다. 기회는 준비된 자만이 잡을 수 있다.

취업 이후의 경력까지 큰 그림을 그리며 준비하자

2020년 상반기에는 코로나로 인해 해외여행을 떠난 여행객이 작년 대비 96퍼센트나 감소했다. 회사가 사실상 개점 휴업상태로 접어들면서 대부분의 직원이 휴직에 들어가야 하는 전례 없는 위기 속에 현직 승무원인 나도 정말 마음이 아팠다. 오랫동안 근무하면서 좋은 사람들도 많이 만날 수 있었고 그들과 함께 울고 웃었던 추억이 가득한 회사였다. 내 인생의 가장 빛나는 시기를 함께했고 지금의 나로 성장할 수 있게 해줬고 생활의 안정을 보장해줬던 소중한 존재였다.

언제나 그랬듯 이번 위기도 극복할 수 있다는 희망을 안고 책을 써야겠다고 생각했다. 현직 항공사 승무원으로서 이코노미 클래스부터 퍼스트 클래스까지 전 클래스에서 근무하면서 보고 느낀 생생한 경험과 승무원 각자가 가지고 있는 잠재적 역량을 최고로 끌어낼 수 있는 방법들을 책에 담았다. 또한 승무원을 지도한 교관의 경험을 바탕으로 어떻게 하면 이번 위기 이후 맞이할 새로운 포스트(Post) 코로나 시대를 이끌어가는 인재로 거듭날 수 있을지 내가 아는 모든 노하우를 담아 한 장 한 장 써 내려갔다.

시대의 변화에 따라 달라진 취업 환경을 먼저 이해하지 못하면 항공사에서 어떤 인재를 원하는지도 제대로 파악할 수 없다. 아직도 '승무원 준비'라고 하면 복장과 미소, 헤어스타일 등 면접 스킬에 중점을 두는 교육 콘텐츠가 사방에 만연한 현실이 안타까웠다. 이러한 교육을 통해 만들어진 획일적이고 중복된 이미지는 남들과 다른 자신만의 강점을 살리지 못하게 만든다. 이제는 승무원이라는 직업에 대한 진정한 의미와 근본적으로 필요한 자질이 무엇인지 알고 단순히 취업이 목표가 아니라 취업 이후의 경력관리까지 생각하는 큰 그림을 준비할 때다.

1장은 왜 일반 승무원이 아닌 상위 1%의 승무원을 목표로 취업을 준비해야 하는지 그 이유와 취업 환경의 변화에 대한 이야기다. 상위 1% 승무원를 이해하는 데 도움이 되도록 나의 경험담도 포함되었다. 2장에서는 승무원이라면 갖춰야 할 기본 소양들을 정리해, 예비 승무원들이 이것을 미리 준비할 수 있도록 도왔다. 3장에서는 한 층 더 발전된 승무원을 꿈꾸는 자들을 위해 상위 1% 승무원이 가지고 있는 모습들을 소개했다. 4장에서는 항공사에 입사한 후에도 커리어 패스(Career Path)를 쌓는 데 도움이 되도록 프로 승무원이 가지고 있는 차별점을 담았다. 마지막으로 에필로그에서는 인생의 중요한 선택을 앞둔 사람들에게 전하는 진심 어린 조언을 담았다.

하고 싶은 일을 한다는 것, 그 일로 인해 존재의 가치를 인정받고 스스로 성취감을 느끼며 자신만이 가지고 있는 특별함을 깨닫는 일은 직업이 가지는 크나큰 덕목이다. 승무원은 무조건 친절해야 하는 직업이니 부당한 일을 당해도 꾹 참아야 한다는 왜곡된 인식에서 출발하는 것은 올바른 직업관을 심어줄 수 없을뿐더러 시작부터 준비의 방향을 잃고 스스로를 움츠러들게 만들 수 있다.

이 책이 위기 속에서 길을 잃고 헤매는 승무원 지망생들에게, 혹은 승무원의 꿈을 가진 자녀의 진로를 고민 중인 학부모들에게 승무원에 대한 올바른 정보를 전달하는 이정표가 될 것이다. 이 책을 통해 앞으로 이 길을 걸어갈 귀한 후배들이 상위 1%의 인재가 되어 미래의 항공사에서 주역을 담당하길 바란다.

곽원경

차 례

2장

항공사가 선호하는 지원자는 따로 있다

3장

차별화된 모습으로 누구보다 돋보여라

4장

프로 승무원으로 한 걸음 더 나아가라

1장

왜 상위 1% 승무원을 목표로 준비해야 하는가

CODE 1

상위 1% 승무원을 목표로 하면 100% 합격한다

세 명의 지원자들은 왜 면접에서 떨어졌는가

여기 세 명의 승무원 취업 준비생(이하 취준생)이 있다. 면접장은 오디션 프로그램을 방불케 할 정도로 긴장감이 감돈다. 세 명의 승무원 취준생 모두 자신들이 그 누구보다 승무원이라는 직업이 적성에 맞고 잘 어울린다고 생각해서 도전한 것이다. 하지만 자신들의 예상과는 달리 세 명 모두 불합격되었다. 이제 이 세 사람은 어디서부터 어떻게 준비해야 할지 힘이 빠지고 고민이 깊어진다.

학교 홍보대사 출신의 A

대학 시절 캠퍼스 퀸으로 학교 홍보대사까지 할 정도로 빼어난 미모의 소유자인 A양은 유니폼을 입고 멋지게 외국으로 다니는 승무원의 모습에 매료되어 지원했다. 자신이야말로 이 항공사의 유니폼을 가장 멋지게 소화할 수 있을 것 같았다.

'나 같은 사람이 이 회사를 다닌다면 회사의 이미지도 좋아지고 서로 윈윈(Win-Win)이겠지.'

홍보대사를 했던 경험으로 사람들 앞에 나서서 말해도 별로 긴장되거나 떨리지 않아서 면접에서 대답도 매끄럽게 잘했고 면접관들의 반응도 좋았다. 당연히 합격하리라고 자신했는데, 최종 면접에서 불합격되었다. A양은 전혀 예상치 못한 결과에 어안이 벙벙했다.

함께 면접을 본 다른 지원자들이 긴장하고 실수하는 모습을 보면서 솔직히 한심했는데, 그들과 달리 면접에서 잘했다는 생각한 자신이 불합격이라니 믿을 수 없었다. 내가 아니면 도대체 누가 합격했단 말인가. 그런데 정말 이해가 안 되는 것은 최종 면접에서 같은 조였던 어수룩한 인상의 L양이 합격했다는 것이다. L양은 다른 지원자가 면접관의 말에 대답할 때도 고개를 끄덕이며 바보처럼 웃고 있었다. '서로 경쟁하는 입장에서 다른 사람을 그렇게 돋보이게 해주고 싶을까?'라며 속으로 비웃었는데 그 사람이 합격하다니……. 도대체 승무원 채용 기준이 어떻게 되는 걸까. 이 회사는 인재를 이렇게 못 알아보는 걸까. A양은 혼란에 빠졌다.

면접을 철저히 준비한 B

B양은 대학 시절 내내 패밀리 레스토랑과 카페 등에서 아르바이

트를 했다. 아르바이트를 하면 할수록 사람 만나는 것이 즐거웠고 서비스직이 천성인 것 같았다. 졸업 후 전문 서비스 직종의 항공사 승무원에 자연히 관심을 갖게 되었고, 면접 준비에 만전을 기했다. 면접을 위한 헤어스타일이나 메이크업을 준비하는 데 거금을 쏟아부었고, 면접 예상 질문에 대한 샘플 대답도 모두 찾아서 완벽하게 외웠다. 면접을 철저히 준비했다고 생각해서 당연히 합격을 예상했지만 결과는 그 예상을 보기 좋게 빗나갔다. B양의 충격은 말할 것도 없었다.

더욱 어이가 없는 것은 평소 자유분방한 성격의 친구 K양이 합격했다는 사실이었다. 계획성도 없어서 즉흥적으로 여행을 떠나는 데다 외국 드라마에 빠져 미래에 대한 준비는 전혀 관심이 없던 K가 어떻게 합격했을까? B양이 미용실에서 거금을 들여 정성스레 헤어스타일과 메이크업을 할 때 본인이 직접 헤어와 메이크업을 준비한 K양은 B양의 눈에 엄청 어설퍼 보였다. 더구나 면접 예상 질문에도 가장 좋은 답을 찾을 생각은 하지 않고 자기 마음대로 준비했는데, 무슨 질문인들 제대로 대답할 수 있었을까.

'왜 내가 떨어지고 그 친구가 합격한 걸까? 서비스직은 나처럼 차분한 성격에 오랫동안 차근차근 준비한 사람이 더 적성에 맞는 거 아닌가?'

B양은 갑자기 의욕이 꺾이며 우울해졌다.

회사에서 주는 대로 월급을 받겠다고 답한 C

이번에는 무슨 수를 써서라도 합격해야 한다. 벌써 취준생으로 지낸 지도 거의 2년이 되어서 눈치가 보이는데다 부모님에게 너무 죄송한 상황이다.

'나의 절박한 마음을 더욱더 강조해서 이번에는 꼭 합격하고 말겠어!'라며 단단히 마음을 먹고 면접장에 들어갔다.

지원자들에게 주어진 공통 질문은 월급에 관한 것이었다. "월급을 얼마 받고 싶은가?"라는 질문에 대해서 "저는 이 회사를 위해서라면 월급이 전혀 없어도 상관없습니다. 합격만 시켜주신다면 비행기 바퀴라도 닦겠습니다!"라며 C양은 자신의 투철한 희생정신을 강조해 말했다. 당연히 많이 받으면 좋지만 지금은 찬밥 더운밥을 가릴 처지가 아니었다.

그런데 이게 어찌 된 일이지? 월급으로 200만 원을 달라고 하던 스터디 친구가 '떡' 하니 합격했다는 것이 아닌가! 직업은 자기만족이니 보람이니 생계 수단이니 등의 이야기를 하면서 결국은 200만 원이 적정 월급이라고 대답을 한 친구가 합격이라니 뭔가 착오가 있는 게 아닐까? 도대체 어떻게 준비해야 하는 것인지 C양은 모든 것이 막막해졌다.

승무원을 채용할 때 면접관들이 어떤 점을 보는지 헷갈릴 때가 있다. 면접장에서는 화려한 스펙과 미모의 소유자여서 지원자들 중에서 누가 봐도 합격할 것 같았는데 떨어진 사람도 있고, 아무도 주목하지 않던 사람이 느닷없이 합격하는 경우도 있다. 오랫동안 간절히 승무원이 되고 싶어 열심히 준비했는데, 아무 생각 없이 친구 따라 강남 온 친구가 덜컥 붙는 경우도 있다. 서비스직의 특성을 고려해 면접관의 마음에 들만한 대답들을 잔뜩 준비해서 갔는데, 오히려 당당하게 자기 할 말 다 하는 것처럼 보이는 지원자가 되는 경우도 있다. 이유가 뭘까?

상위 1% 승무원을 목표로 준비해야 하는 이유

'승무원' 하면 사람들이 떠올리는 어떤 고정관념이 있다. 승무원으로 취업하고 싶은 사람들은 정확히 어떻게 준비해야 할지 모르고 흔히 떠오르는 승무원의 외면적인 이미지에 접근하는 경우가 많다. 이미지에 초점을 맞춰 학원도 알아보고 과외도 해보고 스터디도 해본다. 인터넷 카페에서 합격 수기도 읽어보고 채용 정보도 수집한다. 하지만 이것은 어떻게 보면 승무원에게 필요한 기본적인 자질을 기르기에 앞서 면접 준비부터 하는 것이어서, 사실상 주객이 전도된 것이다.

승무원이 되기 위해서 항공사 면접을 봐야 하는 건 맞지만, 면접 준비가 승무원이 되기 위한 준비의 전부는 아니다. 면접은 그 상황을 얼마나 잘 모면하는지 스킬을 보기 위한 것이 아니라 그 사람이 진짜 우리 회사가 필요로 하는 인재상에 부합하는 사람인지를 평가하는 자리이기 때문이다. 지원자의 입장에서는 잘 준비했다고 생각할 수 있지만, 면접관의 눈에는 항공사에서 원하는 자질을 갖추지 않았다고 평가할 수도 있다.

승무원은 특정 전공에 한정되지 않는 직종이다. 모집 요강에도 전공 불문이라고 나온다. 지원자들은 면접만 잘 보고 합격하면 나머지는 회사에 입사해서 배운다고 생각할 수도 있다. 면접이 아주 까다로워지면 신입사원에게 너무 많은 것을 기대하는 것이 아니냐는 볼멘소리도 나온다.

지원자의 입장이 아니라 항공사 입장에서 생각해보자. 회사의 자산 중 인적 자원은 회사의 브랜드를 대표하는 아주 중요한 요소다. 특히 항공사의 승무원은 고객을 직접 대면하는 직군으로, 승무원의 모습 자체가 항공사의 브랜드 이미지로 인식되기도 한다. 항공사 광고에 승무원이 등장하는 것을 흔히 볼 수 있는 것도 바로 이 때문이다.

요즘과 같은 고용불안시대에 대규모 공채 채용은 드물어졌다. 그럴수록 승무원 채용에 더 많은 사람들이 모여들어 경쟁률이 갈수록 더 치열해지고 있다. 지원자가 많을수록 어느 기업이나 더욱 준비되고 우수한 자질을 갖춘 사람들을 선발하려고 한다.

그렇다면 이제는 취업전략을 바꿔서 준비할 때다. 목표를 상향 조정해야 한다. 면접을 통과하는 것이 목표가 아니라 평범한 수많은 지원자들 사이에서 확실한 차별성을 보여줄 수 있는 상위 1%가 되는 전략이 필요하다.

우리의 행동은 생각과 의식에 영향을 받는다. 목표를 높게 잡으면 그것을 이루기 위한 강한 목적의식의 생기고 그로 인해 동기가 부여되면서 더 열심히 하려는 행동을 불러일으킨다. 처음부터 상위 1% 승무원이 되겠다는 목표를 가지고 준비하면 마음가짐부터 달라진다. 큰 목표를 달성하기 위해 계획을 세우고 실천하며 끊임없이 노력하는 과정을 통해 더욱 성장하게 된다. 취업문의 바늘구멍을 통과하는 방법은 상위 1% 인재가 되는 것이다.

회사에서 원하는 상위 1%의 인재가 되라

응답하라 1988

과거를 알면 미래가 보인다는 말이 있다. 승무원으로 취업하려고 마음을 먹었다면 역사를 되돌아보는 것도 의미가 있다. 자신이 가려는 회사가 지금 어떤 상황에 있는지, 어떤 인재를 원하는지 전후 맥락을 이해할 수 있기 때문이다.

인기리에 방영된 드라마 〈응답하라 1988〉을 보면 주인공 덕선이 가족이 세 들어 살고 있는 주인집의 부부가 해외여행을 가게 되어 덕선이 엄마에게 자랑하는 장면이 나온다. 덕선이 엄마는 부러워하면서 이렇게 말한다.

“요새는 여권이 금방 나오는갑네요. 전에는 통장에 200만 원이

들어있어야 한다카고. 억수로 복잡시럽다던데……."

여권 발급이 제한되고 국가에서 해외여행을 금지하는 일을 지금은 상상하기 어렵지만, 1983년부터 점차 해외여행 규제가 풀리기 시작하여 88서울올림픽을 성공적으로 치르고 난 이듬해인 1989년에 해외여행이 완전 자유화가 되었다.

이 드라마의 배경인 1988년이 바로 우리나라 두 번째 항공사인 아시아나항공이 창립된 해다. 대한민국 최초의 항공사는 현재 대한항공의 전신인 대한항공공사로 정부가 운영하던 공기업이었는데, 1969년 한진그룹에서 인수하면서 민영화되었다. 인수 당시에는 8대의 항공기가 전부였고, 국제선 취항지도 일본의 세 개 도시뿐이었다.

대한항공이 회사를 막 인수한 1970년대는 해외여행을 갈 수 있는 여력이 되는 사람도 거의 없었다. 설사 고위층이라 하더라도 비행기를 타고 해외에 여행 가서 외화를 펑펑 쓰는 사치를 국가 기강 차원에서 엄격히 금지할 수밖에 없었을 것이다.

1980년대는 냉전 화해 무드를 타고 세계화의 큰 흐름이 형성되었다. 더불어 침체에 빠졌던 세계 경기의 회복세가 완연해지면서 글로벌 관광 수요가 확대되었다. 게다가 88서울올림픽 행사를 앞두고 제2민항사업자 선정의 필요성이 대두되었고, 아시아나항공이 사업허가를 받으면서 복수 민항시대가 열렸다.

그녀의 이름은 아시아나

아시아나항공의 시작은 순탄하지만은 않았다. 당시 이미 민영화된 지 거의 20년이 된 대한항공은 국적기로서 튼튼하게 자리매김을 했지만, 이제 비행기 한 대를 들여와 국내선으로 시작하는 아시아나항공은 자본금, 시설, 규모, 운영 노하우 등 모든 것을 하나하나 새롭게 만들어야 했으므로 모든 면에서 열세였다.

업계 후발주자로서 무에서 유를 창조해야 했던 아시아나항공은 부족한 하드웨어를 보완할 수 있는 돌파구를 소프트웨어, 다시 말해 직원에서 찾았다. 승무원을 TV 광고 전면에 내세운 '그녀의 이름은 아시아나' 시리즈는 승무원의 밝고 신선한 이미지로 서비스 혁신에 대한 기대감을 끌어올려 아시아나항공의 브랜드 호감도를 급격히 상승시켰다. 이 광고로 당시 신인 모델이었던 박주미는 일약 스타덤에 올랐고 뒤를 이어 김현주, 이보영, 한가인 등 아시아나항공 승무원 모델을 한 신인배우들은 모두 대스타로 성장했으므로 연예계에서는 '아시아나 모델'이 스타의 등용문으로 여겨지기까지 했다.

실제 승무원 채용에도 신경을 많이 썼다. 대한항공이 인하공업전문대학교의 재단으로 항공운항과와의 산학 협력을 통해 승무원을 채용하기 때문에 2년제 학력 이상이 지원할 수 있다는 점에 착안해, 차별화 전략으로 아시아나항공은 4년제 대학 출신 직원만 채용했었다. 또한 복지도 업계 최고 수준으로 대우하기 위해 해외 체류 시 호텔 등급은 무조건 4성급 이상, 승무원 식사도 승객 식사와 별도로 메뉴를 매일 바꿔 탑재하는 등 세심하게 신경을 썼다.

교육에도 차별화를 하기 위해 서비스, 안전, 이미지 메이킹, 컨설팅 등 각각 전문 분야만 교육하도록 담당 분야를 나눠서 전문가로 양성했다. 또한 담임제도가 있어서 신입 승무원으로 채용이 되면 3개월 남짓한 교육 기간 동안 한두 명의 담임 교관을 배정받아 회사에 잘 적응할 수 있도록 전반적인 생활교육의 도움을 받을 수 있었다.

수료 후 비행을 시작할 때도 멘토가 되어 회사 생활 내내 끈끈한 유대관계를 유지하기 때문에 담임을 했던 후배들에게는 더욱 특별한 애정이 생긴다. 나는 두 번의 담임 교관을 통해 100명 정도의 '멘티'를 뒀고, 비행 생활에 잘 적응하는 것은 물론 앞으로의 인생길에도 그들 앞에 꽃길만 가득하길 진심으로 바란다.

고객에게 기쁨을 주며 골든 그랜드 슬램을 달성하다

가족 같은 분위기에 힘입어 승무원들은 정말 네 일 내 일을 가리지 않고 열심히 일했다. 예전에는 기내 앞쪽 벽면에 설치된 스크린으로 영화를 봤다. 그래서 앞사람 뒤통수에 가려 목을 빼고 영화를 봐야 했고 영화 선택권도 없었다. 무료한 승객들을 위해 플레잉 카드(Playing Card)를 제공하기도 했는데, 이를 동양권 문화로 자체 승화시켜 화투판을 벌이는 일부 승객들을 제지하는 일도 있었다.

승무원들은 이러한 현장의 문제를 지나치지 않고 개선할 수 있는 아이디어를 자발적으로 냈다. 그 첫 사례가 기내 마술쇼 특화 서비스다. 국내 최초로 시작한 것으로, 지원자를 받아 특화팀을 꾸려

'매직팀'이라 명명하고 전문 마술 교육을 받았다. LA 비행을 갈 때는 체류지에서의 휴식 시간을 할애해 세계 마술사들의 꿈의 무대라고 불리는 LA '매직 캐슬(Magic Castle)' 호텔에서 열리는 마술쇼를 관람했다. 한국에서 쉬는 날은 회사에 모여 마술 연습에 매진하는 등 각고의 노력을 기울였다. 그 결과 기내 마술 서비스는 손님들의 큰 호응을 얻었고, 다른 특화 서비스의 모태가 되었다.

매직팀의 성공에 이어, 기내에서 각국의 전통의상과 한복을 승무원들이 입고 패션쇼를 펼치는 특화팀이 만들어졌다. 비행기에 탑승하는 승객들의 국적이 다양한 점에 착안한 것이었다. 이름하여 '사람들에게 기쁨을 주는 사람들'이라는 뜻의 '딜라이터스(Delighters)'로, 내가 소속되었던 팀이기도 하다. 화려한 전통의상을 입고 전 클래스를 돌며 패션쇼를 마친 승무원들은 원하는 승객과 기념 촬영을 하며 특별한 추억을 선사한다. 이러한 우리의 노력에 화답이라도 하듯이 다른 비행에서보다 승객들의 만족도가 훨씬 높았다. 옷이 예쁘다며 연신 "뷰티풀!"을 외치고 사진을 찍기 위해 한참 줄을 서서 기다려도 고맙다고 몇 번이고 인사하며 행복해하는 승객을 보면 뭐 하나라도 더 잘해주고 싶은 마음이 굴뚝같았다. 플라이트 백(Flight Bag)이라고 하는 비행 가방만 해도 무게가 만만치 않은데 의상과 소품까지 챙겨 이고 지고 다녀야 했던 고생의 기억은 저 멀리 날아갔다.

이후 핸드드립커피를 서비스하는 바리스타팀, 와인 특화 서비스를 하는 소믈리에팀, 고급 레스토랑의 코스 요리 서비스를 재현한

온더크루셰프팀, 마스크팩 서비스를 하는 차밍팀, 캐리커처를 그려 주는 일러스트팀, 승객이 승무원 유니폼을 입고 기념 촬영을 하는 승무원체험팀 등 많은 특화 서비스가 개발되어서 지금까지 이어지고 있다. 그중 매직팀, 딜라이터스, 차밍팀은 항공업계의 오스카상이라 불리는 머큐리상(Mercury Award, 전 세계 항공사들의 특화된 서비스를 평가해 국제기내식협회인 ITCA가 주관하는 시상식)을 수상하기도 했다. 현재 제주항공, 에어부산, 이스타항공 등 많은 저비용항공사(LCC)에서도 특화서비스를 벤치마킹해 실시하고 있고, 마케팅에도 다양하게 활용하고 있다.

신입교육시절 만난 캐빈지원팀(여권, 비자 발급, 임신이나 병가로 인한 휴직, 복직 등 승무원의 업무에 관련된 행정상의 도움을 주는 부서)의 과장님은 본인의 업무는 승무원들이 있어야 존재하는 일이라며 승무원이 먼저 즐겁고 행복해야 비행에서 100%의 기량을 발휘할 수 있고 손님에게도 친절한 서비스가 나올 수 있다고 말했다. 비행 외에는 그 어떤 것도 신경 쓰지 않게 하는 것이 자신의 소임이라며 언제든 어려워 말고 도움을 청하라고도 했다.

어쩌다 보니 승무원이 손님의 갑질에도 묵묵히 참고 견뎌야만 하는 감정노동의 대명사가 되었지만, 내가 승무원을 시작할 때만 해도 이 직업의 의미는 그와는 정반대였다. 회사는 먼저 우수한 인재를 뽑아 내부 고객으로 존중했고, 직원은 월급 받는 만큼만 적당히 일하는 것이 아니라 사명감에 가까운 책임감으로 업무에 임했다. 그런 의욕적인 분위기가 회사 전체로 확대되어 회사의 이익과 발전에 공헌하는 선순환의 구조였다.

그 결과 아시아나항공은 스카이트랙스(Skytrax), ATW(Air Transport World), 글로벌 트래블러(Global Traveler)와 같은 세계 유수의 서비스 평가기관으로부터 일일이 나열할 수 없을 만큼 많은 상을 수상했다. 마침내 2009년 항공업계의 노벨상으로 불리는 ATW선정 '올해의 항공사', 2010년 스카이트랙스 선정 '올해의 항공사', 2011년 글로벌 트래블러 선정 '올해의 항공사'에 오르면서 세계 최초로 3년 연속 전 세계 항공업계의 메이저 타이틀을 모두 거머쥐는 골든 그랜드 슬램의 위업을 달성하기에 이르렀다. 2007년에는 당시 전 세계 여섯 개뿐이었던 스카이트랙스의 '5성급(5-Star) 항공사'로 선정될 정도로 최고의 서비스 품질을 인정받아 현재까지도 그 등급을 유지하고 있다.

항공사의 경쟁력은 인재 채용에 있다

2020년 현재 국내에서는 LCC를 포함해 9개의 항공사가 치열하게 경쟁 중이며 3개의 신규 항공사(플라이강원, 에어프레미아, 에어로케이)가 출범되어서 국적 항공사만 총 11개가 됐다. 이런 상황에서 기업은 과연 무엇으로 다른 항공사와 차별을 꾀할지 기업의 입장이 되어 곰곰이 생각해봐야 한다. 고객을 만족시키기 위해서 비행기 시설을 최고급으로 사양을 높이고, 기내식과 기내영화 같은 엔터테인먼트, 무선인터넷(Wi-Fi) 서비스 등에 투자를 팍팍 늘리면 좋겠지만, 그런 하드웨어적인 자원은 한정적일 수밖에 없다.

| 국적항공사 객실승무원 출신 대학 현황 |

(단위: 명)

항공사	대학 학년제					비고
	소계	대학원 이상	4년제	2년제	고졸 이하	
전체	10,284	193 (1.9%)	7,986 (77.7%)	2,105 (20.5%)	-	
대한항공	5,579	124	3,954	1,501	-	외국인 364명 제외
아시아나항공	3,487	52	3,039	396	-	외국인 364명 제외
진에어	269	3	205	61	-	
에어부산	259	-	228	31	-	
제주항공	391	7	313	71	-	
티웨이항공	171	2	124	45	-	
이스타항공	128	5	123	-	-	

2014년 7월 기준

출처: 데일리중앙

더구나 갈수록 스마트 컨슈머(Smart Consumer)가 되어가는 고객들은 인터넷을 검색하며 최저가 티켓을 클릭한다. 결국 한정된 자원으로 최고의 품질을 만들기 위해서 기업의 입장에서는 소프트웨어, 즉 인재 발굴에 목을 매는 수밖에 없다.

실제로 2014년 한 국회의원이 발표한 '국적항공사 객실승무원 출신 대학 현황'을 보면 10명 중 8명은 4년제 대학 졸업 이상인 것으로 나타났다. 심지어 이스타항공은 2년제 이하 출신 승무원이 한 명도 없었다.

그렇다고 2년제 대학을 나온 사람들에게 희망이 없다는 말은 아니다. 채용하는 쪽의 입장에서 보면, 다른 모든 것이 같은 조건이라면 2년제 지원자보다 4년제 지원자를 선택할 확률이 높다는 얘기다. 부족한 부분이 있다고 생각한다면, 그것을 상쇄할 수 있는 뭔가 특별한 콘텐츠가 필요하다. 그래서 바로 상위 1% 승무원을 목표로 준비해야 한다는 것이다.

훈련 교관들 사이에서도 2년제 학교를 졸업한 신입직원들은 아무래도 4년제 졸업생들에 비해 교육 기간 동안 엄청난 양의 공부를 감당하기 어려울 것이라는 회의적인 시각이 있었다. 하지만 막상 교육이 시작되고 보니, 의지가 강하고 수업 태도가 성실해서 하나라도 더 배우고 익히기 위해 노력하는 사람이 좋은 성적으로 수료했다. 꼭 학력의 순서가 들어맞는 것은 아니었다. 스펙보다는 콘텐츠가 더욱 중요하다는 것을 새삼 느끼게 되었다.

직원은 곧 회사의 브랜드 이미지를 대표하는 사람들이기 때문에 아무리 많은 사람들이 지원한다고 해도 회사는 그중에서 반짝반짝 빛나는 지원자를 뽑고 싶어 한다. 누구나 탐내는 다이아몬드는 약간의 세공을 거치면 눈부시게 회사를 빛내줄 것이지만, 나가면 발에 채일 정도로 길바닥에 널린 돌은 별 쓸모가 없다.

인사팀 직원에게 직접 들은 말로는 제일 난감한 경우가 떨어진 사람이 또 오고 또 오는 경우라고 한다. 본인이 얼마나 승무원이 되고 싶은지 그 애원에 가까운 사연을 듣고 나면 직원도 인간인지라 연민이 느껴질 정도로 안타깝지만, 합격 기준에는 미달인 것을 어떻게 하겠냐며 답답해했다. 승무원 취업 준비를 하면서 제일 많이 하는 착각 중 하나가 면접도 자꾸 보면 늘고 계속 지원하다 보면 언젠가는 합격할 것이라는 기대다. 하지만 이번에 떨어졌다면, 자신에게 어떤 점이 부족한지 돌아보고 부족한 부분을 메울 수 있는 자신의 강점을 살려서 다음 기회에 도전해야 한다. 업그레이드되지 않은 채 똑같은 콘텐츠로 면접만 계속 보는 것은 자신에 대한 희망고문이다.

간절히 원하면 이뤄진다고 하지만, 자신이 간절히 원한다고 해서 채용되는 것은 아니다. 나를 뽑는 상대, 즉 회사가 간절해야 이기는 게임이다. 내가 충분히 준비되어있지 않다면 떨어질까 봐 조바심이 나겠지만, 자신이 상위 1% 취준생이라면 면접관이 다른 항공사로 가버릴까 봐 안달한다. 수많은 지원자 중에서 특별히 빛나는 나의 강점을 보여주자. 오늘도 항공사는 평범한 돌무더기 속에서 다이아몬드 원석을 찾기만을 애타게 기다리고 있다.

다큐멘터리 〈성공시대〉의 이택금 이사

돌이켜보면, 처음 승무원이라는 직업에 관심을 갖게 된 계기는 MBC TV의 다큐멘터리 〈성공시대〉라는 프로그램이었다. 우연히 TV를 봤는데, 국내 굴지의 대기업 총수들을 비롯한 성공한 기업인이 주로 출연하던 〈성공시대〉에 여성으로서는 항공업계 최초로 임원이 된 대한항공의 승무원 출신 '이택금' 이사에 대한 이야기가 나온 것이다. 그 당시 비행 경력 30년, 누적 비행 시간 2만 시간을 돌파해 52세에 여성 최초 항공사 임원으로 승진한 이택금 이사의 비행 인생 이야기와 성공 스토리는 너무나 흥미진진했고, 승무원이라는 직업을 대하는 그녀의 프로정신에 매료되었다.

〈성공시대〉를 보고 나서 꼭 저 사람처럼 되고야 말겠다는 다짐을 하고 바로 승무원 준비를 한 것은 아니다. 그냥 인상 깊게 시청했을 뿐이다. 이후 시간이 흘러 실제로 승무원이 되고 나니 이택금 이사의 성공 신화가 머릿속에 다시 떠올랐다.

내가 입사했을 때 국내에는 항공사가 대한항공과 아시아나항공 두 곳뿐이었지만 그 두 항공사에 종사하는 객실승무원의 수는 이미 5,000명을 넘고 있었다. 승무원들은 저마다 각각 투철한 직업의식을 가지고 나름의 커리어 패스(Career Path)를 쌓아갔지만, 그 당시 여성 임원은 이택금 이사 단 한 명뿐이었다.

대한항공에 근무하는 수많은 승무원들 중에서 어떻게 이택금 이사만이 여성 최초이자 국내 승무원 최초로 유리천장이라 불리는 임원 승진을 할 수 있었는지 그 비결이 궁금해서 그녀가 쓴 책을 사서 읽었다. 그 책을 다 읽으면서 그녀의 철저한 자기관리와 수많은 위기 상황을 극복해온 강한 정신력이 성공의 비결이라는 것을 알 수 있었다. 그와 동시에 나는 그녀의 커리어와 성공을 한마디로 '상위 1%'라는 결론을 내렸다.

그녀는 비행 업무에 유능한 사람이었다. 심지어 항공기 추락 사고를 겪고 1년 동안 트라우마와 후유증으로 비행기를 타지 못했던 기간도 있었지만, 오히려 자신의 직접 경험을 바탕으로 안전교육에 전념을 다하는 것으로 후유증을 극복한 강인한 직업의식의 소유자였다. 그녀의 이러한 우수한 자질과 능력은 곧 고속승진의 밑거름이 되었다. 어느 그룹에서든 특별하게 뛰어나고 성실하며 노력을 게을리하지 않는 상위 1% 인재는 무리에 섞여 있어도 반짝반짝 빛난다.

합격의 안정권은 상위 1%가 되는 것

승무원이 되는 첫 관문이라 할 수 있는 면접에서는 기본적인 인성, 인내심, 배려심, 어학 능력, 체력 등 여러 가지 요소에 대한 평가가 이뤄지고 각 항목들은 점수화된다. 점수에 따라 순위가 매겨지면 합격에 필요한 인원만 통과시키고 나머지는 불합격 처리된다. 따라서 가장 안정적으로 합격할 수 있는 방법은 지원자 중 최상위권에 드는 것이다.

최상위권을 목표로 준비하려면 면접관이 어떤 기준을 가지고 있는지 먼저 파악하는 것이 중요하다. 지원자의 입장에서 승무원이라는 직업은 해외여행을 수시로 할 수 있고, 비교적 높은 급여에 여러 가지 복지 혜택을 누릴 수 있는 장점을 염두에 둘 것이다. 하지만 면접관의 입장에서 승무원 지원자를 바라볼 때는 지원자가 얼마나 철저한 직업의식을 갖추고 있는지에 중점을 둔다. 한마디로 말하면 이 사람이 '승무원감'인지를 평가하는 것이다.

인사담당자들의 이야기를 들어보면, 면접에서 승무원에 적격인

지원자들은 첫인상부터 보는 사람을 편안하게 해주는 분위기를 풍긴다고 한다. 인사담당자들은 자기소개서나 면접에서의 질의응답을 통해서 일상에서도 배려가 넘치는 사람인지를 평가하며, 비행업무를 수행하는 데 필요한 어학 실력이나 업무 지식에 대한 관심도, 습득 능력 등을 종합적으로 평가한다.

인사담당자가 지원자를 승무원에 적격이라고 판단하는 데는 그리 오랜 시간이 걸리지 않는다. 상위 1%의 준비된 지원자는 눈에 띄기 때문이다. 지원자가 아닌 인사담당자의 기준을 파악한 다음 그 기준에 대한 자질을 갖추는 것이 상위 1%가 되는 방법이다.

상위 1%의 해답, 어피어런스와 애티듀드

인사담당자의 눈에 띄는 승무원감, 다시 말해 승무원의 자질을 갖춘 사람으로 성장하려면 '더블 A' 즉, 두 가지의 A를 갖춰야 한다. 그것은 바로 어피어런스(Appearance)와 애티듀드(Attitude)다.

어피어런스

어피어런스는 사전적 의미로는 '외모'지만, 승무원들에게는 외적으로 보여지는 모든 요소를 의미한다. 헤어스타일, 메이크업, 스마일, 아이 콘택트, 자세, 걸음걸이 등이 자연스럽고 편안한 인상을 주는지 종합적으로 평가하는 항목이 어피어런스다.

승무원이 신입 교육 훈련을 받을 때도 매일 아침 어피어런스 점검에서 시작하고, 비행 업무도 어피어런스를 위한 준비로부터 시작한다. 면접장에 처음 들어설 때도 인사담당자들에게 가장 먼저 평가받는 요소는 어피어런스다.

헤어스타일이나 메이크업은 본인이 직접 하기 어려우면 전문가의 도움을 받을 수도 있지만, 스마일, 아이 콘택트, 자세, 걸음걸이와 같은 다른 요소들은 온전히 자신의 몸에 체화되지 않으면 부자연스럽다. 따라서 오래도록 연습해서 몸에서 저절로 나와야 한다.

애티튜드

"Attitude is everything(태도가 모든 것이다)." 학교 다닐 때 선생님이 인용한 말씀으로, 태도가 좋은 학생이 성적도 좋다는 이야기다. 우리는 사회에서 서로 지켜야 할 예의나 규범을 공유하고 있기 때문에 태도가 좋은 사람은 대부분의 사람에게서 비슷하게 좋은 평가를 받는다.

태도에는 인내심과 배려심도 포함된다. 정확한 판단력을 갖추고 어떠한 상황에서든 영민하게 처신할 수 있는 센스도 필요하다. 이러한 요소들을 단기간에 갖추기는 어렵기 때문에, 평소에 생활하면서 갖추거나 혹은 더 일찍부터 몸에 체득해 갖춰나가야 한다.

대학의 항공서비스학과들을 보면 실제 항공사와 비슷한 유니폼을 과복으로 자체 제작하여 미리 입고 승무원처럼 자세, 걸음걸이, 인사, 말투 등을 연습한다. 애티튜드는 단기간에 만들어지는 것이 아니라 오랫동안 평소에도 항상 연습하고 훈련해야 몸에 배기 때문이다. 입사 후 신입승무원 교육과정 3개월 동안에도 동일하게 훈련하는 과정이 있다.

좋은 애티튜드는 남을 배려하는 마인드에서 출발하는 것이므로, 항상 말투를 공손하고 세련되게 다듬고 매너와 에티켓 등을 배우는 것이 도움이 된다.

기대경제시대에 걸맞는 인재가 되라

순진한 고객에서 똑똑한 고객으로

1980년 스칸디나비아항공(SAS)은 누적적자 3,000만 달러에 달하는 위기를 맞았다. 당시 취임한 39세의 젊은 얀 칼슨(Jan Carlson) 신임 사장은 직원과 고객이 접하는 처음 15초간을 '진실의 순간(MOT, Moment of Truth)'이라 이름 짓고 이 짧은 순간이 고객의 만족과 회사의 이미지를 좌우한다고 강조했다. 내부 교육을 통해 고객만족경영을 펼친 그는 단 1년 만에 스칸디나비아항공을 7,100만 달러의 흑자로 전환시키는 데 성공했다. 이후 고객만족경영은 수많은 기업의 모토가 되었고 '고객 감동'을 지나 '고객 졸도'까지 외치며 의욕을 불태웠다. 하지만 지금 우리가 살고 있는 경영 환경은 고객에게 감동을 주기는커녕 고객의 기대도 만족시키기 어려워졌다. 이전과는 비교할 수 없을 정도로 고객의 기대가 높아졌기 때문이다.

지금은 기대경제(The Expectation Economy)의 시대다. 인터넷과 모바일 기술의 발전으로 새로운 제품 및 서비스에 대한 정보가 투명해지고 사람들은 SNS를 통해 후기를 공유하므로, 고객들은 더 새롭고 더 빠르고 더 경제적이고 더 나은 선택을 찾아다닌다. 기대경제란 이렇게 사용자가 미리 제품과 서비스에 대한 경험을 누림으로써 품질에 대한 고객의 기대가 점점 더 높아지는 경제 시스템을 말한다.

신입 시절의 일이다. 신혼여행지로 인기 있었던 사이판으로 향하는 비행기 승객들의 90% 이상이 신혼부부였다. 당연히 신혼부부라고 여겼던 어느 한 커플에게 사이판 입국서류를 서비스하고 돌아서는데, 신랑이 머뭇거리며 말을 걸어왔다.

"첫 해외여행이어서 서류 작성하는 법을 잘 몰라요. 좀 도와주실 수 있을까요? 사실 저희는 돈이 없어서 신혼여행을 해외로 못 가고 제주도로 갔어요. 그래서 일 년에 한 번씩은 꼭 해외여행을 가자고 약속했어요. 그리고 해마다 조금씩 더 좋은 곳으로 가자는 목표도 세웠어요. 이번이 결혼 1주년인데 사이판을 가게 되어서 그 약속을 지켰네요."

남편이 그 말을 하면서 아내의 손을 꼭 잡는데 순간 너무 감동적이어서 눈물이 핑 돌았다. 오늘 막 결혼해 설렘으로 가득한 신혼부부보다 아니, 세상 그 어느 커플보다도 행복하고 아름다웠다.

부모님 세대만 해도 거의 대부분 신혼여행으로 비행기를 타는 것이 첫 경험이었다. 우리 세대는 90년대 배낭여행 붐을 타고 대학생이 되어서 처음 비행기를 타는 것이 일반적이었다. 하지만 지금은 더 이상 비행기를 타는 것이 낯선 경험이 아니다. 심지어 태교 여행이라는 이름으로 아기가 배 속에 있을 때부터 비행기를 타는 세상이 되었다.

스마트 컨슈머의 유형

소확행(작지만 확실한 행복), 워라밸('워크라이프 밸런스'를 줄여 이르는 말로, 일과 개인의 삶 사이의 균형을 이르는 말)이 트렌디한 가치관으로 떠오르면서 여행에 대한 수요가 점점 늘어나 항공 여행이 일반화되었다. 이제 여행은 여행지에서부터 본격적으로 시작하는 개념이 아니라 비행기를 타고 떠나는 그 순간부터 시작된다. 고객들은 비행기에서 제공하는 서비스도 꼼꼼하게 알아보고 따지며 점점 똑똑해지고 있다. 그렇다면 어떤 사람들이 항공 여행에 관한 스마트 컨슈머인지 알아보자.

친구와 함께 떠나는 대학생

방학을 맞아 친구와 동남아 여행을 계획 중인 대학생이 있다. 얼마 전 여행 정보를 알려주는 예능 프로그램을 보고 요새 인기 있는 베트남 다낭을 가기로 마음먹었다. 항공권과 호텔은 가격비교 앱을 이용해 실시간 최저가를 확인하다 마침 땡처리 항공권을 발견하고 빠른 손놀림으로 예매한다. 일정은 인터넷으로 미리 검색해서 짜고, 현지 여행사에서 운영하는 카페를 통해 할인 입장권과 투어 예약을 한다.

아이와 함께 여행하는 엄마

호주 시민권자와 결혼해 시드니에 사는 22개월 딸을 둔 아기 엄마는 한국의 친정에 다녀갈 계획이다. 홈페이지로 미리 항공사에서 제공하는 서비스를 확인한다. 예약센터에 전화해 유아식과 유아용 안전의자를 미리 신청하고, 여행 당일 공항에서는 유아 동반 고객 전용 카운터인 '해피맘 카운터'를 통해 사람들의 방해를 받지 않고 출국하며, 항공기에도 가장 먼저 탑승한다. 목적지에 도착 후 수하물도 가장 먼저 수취한 후 유유히 공항을 빠져나간다.

출장이 잦은 비즈니스맨

모 대기업의 상무는 해외 영업을 담당하고 있어 출장으로 비행기를 이용하는 일이 많다. 이번 출장도 무사히 마치고 돌아와 인천공항에 안전하게 착륙했다. 비행기가 활주로를 지나 주기장으로 이동하는 동안 비행 모드로 바꿔놓았던 휴대폰을 켜고 그동안 못 받은 메시지를 확인하기 시작한다. 그때 옆에 앉은 사람이 호출 버튼을 눌러 승무원에게 비행 중 구매한 면세품의 교환을 요구했고, 승무원은 물품을 바꿔줬다. 원래 비행기가 지상 이동 중에는 승객과 승무원 모두 벨트를 매고 자리에 앉아있어야 한다고 알고 있었는데, 실제 현장에서 안전규정이 잘 지켜지지 않는 것 같았다. 그는 바로 휴대폰으로 국토교통부 사이트로 접속해 '항공안전 호루라기' 메뉴에 제보한다.

영혼까지 끌어모은 마일리지로 탑승한 퍼스트 클래스

회사원으로서 왕복 가격이 천만 원을 넘는 인천-뉴욕 구간의 퍼스트 클래스를 타는 것은 상당히 부담스럽지만, 몇 년 동안 마일리지 제휴 신용카드만 몰아서 사용한 덕분에 그동안 모아둔 마일리지를 털어내 돈 한 푼도 안 내고 퍼스트 클래스에 탑승하는 날이 왔다. 같은 방식으로 100% 마일리지로 퍼스트 클래스에 탑승해 기내 탑재된 모든 와인을 비롯해 기내식과 서비스를 올려놓은 인기 블로거의 후기를 자세히 읽어보고 탑승 전에 만반의 준비를 한다.

퍼스트 클래스 라운지부터 기내에서 제공되는 모든 서비스를 사진에 담아 회사 보고서보다 더욱 정성을 들여 블로그에 올릴 것을 다짐한다. 기내식은 최고급 샴페인을 곁들인 캐비어를 즐기고 메인 요리는 랍스터를 선택해 기내 서비스되는 화이트와인 3종과 레드와인 4종을 모두 요청한다. 거실 TV만큼 큰 화면으로 영화를 보고 한 좌석에 창문이 네 개나 되는 널찍한 자리를 뒤로 눕히면 180도 평평한 침대로 변신한다. 퍼스트 클래스에서만 제공되는 간편복으로 갈아입고 승무원이 깔아주는 오리털 이불을 덮고 한숨 푹 자고 일어나니 비행기를 타는 게 전혀 피곤하지 않다. 비행기에 탑승해 혈액 순환의 장애가 오는 증상을 비행기 증후군이라 하지 않고 '이코노미 클래스 증후군'이라 부르는 이유가 있다고 생각하며 아침식사로 컨

티넨탈 브렉퍼스트(Continental Breakfast)를 주문한다.

스마트 컨슈머의 높은 기대를 만족시키는 스마트 크루

비행기를 처음 탄다고 두리번거리며 모든 것이 신기하기만 한 순진한 승객은 더 이상 존재하지 않는다. 사실 처음 타는 사람들조차 정보화 사회에서는 클릭 한 번으로 모든 정보를 손쉽게 손에 넣을 수 있다. 밥값은 아껴도 디저트를 먹거나 커피를 마실 때 가격보다 퀄리티를 더 중요하게 생각하는 요즘 문화에서는 비행기에서 제공되는 기내식도 그냥 먹지 않는다. 하나도 놓치지 않으면서 특별한 경험 그 자체로 온전히 즐기고 싶어 한다.

스마트 컨슈머들은 안전활동에도 관심이 많다. 운항 중에 '터뷸런스(Turbulence)'라고 하는 난기류를 만나 비행기가 흔들리는 위험한 상황에서는 자리에 벨트를 매고 앉으라는 사인이 자동으로 켜진다. 이때 다른 승객이 화장실 가느라 돌아다니는 것을 승무원이 제지하지 않았다고 불만을 접수한 사람도 있다. 비상구열 관련 규정을 설명하는 데도 근거를 하나하나 제시하라며 마치 본인이 항공안전감독관이라도 되는 것처럼 매뉴얼을 갖고 오라는 승객을 만날 때는 정말 난감한 기색을 감출 수 없다.

이제는 친절하다고 감동받는 승객보다 친절이 당연한 승객이 더 많다. 이처럼 갈수록 높아지는 고객의 기대를 따라가지 못하는 기업은 살아남을 수 없다. 비행기 기종이나 시설에 해당하는 하드웨어만으로 고객의 기대를 충족시키기에는 돈이 너무 많이 들고, 가격 경쟁력을 위해서는 무한정 투자할 수도 없다. 따라서 기업은 직원을 통한 인적 서비스의 품질을 높일 수 있는 방법을 찾게 되고 그만큼 높아진 고객의 눈높이에 맞는 직원 관리가 절실해지는 상황이다.

밀레니얼 세대는 빠르게 변화하는 기술의 발전으로 다양한 디지털 환경을 누리면서 자라났다. 그로 인해 원하는 정보를 쉽게 접하게 됐다. 이런 그들이 핵심적인 생산가능인구로 부상하면서 판매자를 향한 이들의 기대치가 얼마나 높아졌는지를 생각해보면 왜 기업에서 인재를 이토록 갈구하는지 이해할 수 있을 것이다.

비슷한 것 같지만 항공사마다 각각의 특징이 있고, 항공사는 그러한 차별화를 극대화해 고객을 끌어당길 수 있는 직원을 원한다. 이러한 기대경제의 시대에 승무원이 되고자 한다면 정확하고 안전한 업무 수행으로 승객에게 신뢰감을 주고, 직업적 전문지식을 갖춰 정확한 안내를 할 수 있고, 세심한 배려로 편안한 여행을 도울 수 있는 사람이 되어야 한다.

승무원은 서비스직이 아니다

승무원의 진짜 임무

얼마 전 한 항공사의 TV 광고에서는 소방훈련을 받는 승무원이 나왔다. 승무원이 왜 이런 훈련까지 하느냐는 소방관의 질문에 방독면을 벗고 "하늘에선 저희가 소방관이잖아요"라고 대답하는 승무원을 보며 참으로 격세지감을 느꼈다. 사실 승무원은 오랫동안 '하늘 위의 꽃', 서비스직을 대표하는 상징처럼 여겨졌기 때문이다.

사람들은 여전히 승무원을 안전요원으로 여기기보다는 서비스직으로만 인식하는 경향이 강하다. 어느 신문 기사에 나온 인터뷰에서 한 직장인은 "여행을 수없이 다녔지만 승무원을 한 번도 안전요원이라 생각해본 적이 없어요. 친절한 미소와 말투로 승객을 대하는 서비스직으로 보입니다"라고 말했다.

한 대학생은 "남성 승무원은 승객을 보호하는 업무를 한다고 생각되는데, 여성 승무원은 승객에게 편의를 제공하는 일을 주로 하는 것 같아요. 승무원 업무에 남녀 차이가 있는 건 아니겠지만 그렇게 느껴집니다. 그래서 남성 승무원이 많은 비행기를 타면 더 든든해요"라고 했다.

TV 광고의 승무원이 한 말처럼 승무원의 진짜 임무는 '소중한 사람들을 지키는 것', 다시 말해 '안전업무'다. 항공법 제2조 5항에 따르면, 객실승무원은 항공기에 탑승해 비상시 승객을 탈출시키는 등 안전업무를 수행하는 승무원이라고 정의되어있다.

한 번은 비행기 승객에게 비상구 안내 브리핑을 하고 있는데, 한 승객이 손사래를 치며 이렇게 말했다.

"솔직히 사고 나면 아가씨들이 연약해서 어떻게 우리를 구해주겠어. 한두 명도 아니고, 말도 안 되지."

순간 어디서부터 어떻게 설명을 해야 할지 말문이 막혔다. 이분은 정말 슈퍼 히어로 영화를 너무 많이 본 것은 아닐까? 사람을 구하는 게 비행기를 번쩍 들어올리거나 의식 없는 사람을 둘러업고 뜀박질해서 폭발하는 화염에 닿을 듯 말 듯 아슬아슬하게 탈출하는 것을 상상하는 건가? 만일 그렇게 생각한다면 잘못 생각해도 한참 잘못 생각하고 있는 것이다.

승무원은 비상구 위치를 눈 감고도 그릴 수 있고 항공기 곳곳에 있는 비상장비의 위치를 미리 숙지하고 사용법을 익혀 응급상황에서 적재적소에 사용할 수 있다. 기내에서 화재가 났을 때 90초 안에 탈출하지 못하면 전원 사망하게 된다는 이론적 지식을 갖추고 감압과 같은 하늘 위의 특수한 환경을 인지하여 경각심을 가지고 예방업무를 수행할 수 있는 능력을 갖춘 사람들이다. 심지어 기내 환자는 물론이고 기내 분만이나 사망, 항공기 납치와 같은 극단적인 상황을 컨트롤 하는 사람 또한 그 누구도 아닌 승무원이다.

승객의 생명과 안전을 책임지는 상위 1% 승무원

사실 모든 승무원이 비상상황을 만났을 때 훈련받은 대로 완벽히 상황을 해결할 수 있는 것은 아니다. 한 외국 항공사에서는 호주에서 인도네시아로 가던 중 비행기가 갑자기 6킬로미터 정도 급강하하는 사고가 발생했다. 이 과정에서 기내 압력이 상실되면서 천장에서 산소 마스크가 내려왔고 경보음도 울렸다. 누구보다도 침착하게 대응해야 할 승무원들이 오히려 겁에 질린 채 비명을 지르고 눈물을 흘리자 승객들은 더욱 불안해졌고 계속해서 공포에 떨어야만 했다. 극단적인 비상상황이 흔히 일어나는 일은 아니지만, 바로 이러한 상황에서 상위 1% 승무원은 그 진가를 발휘하게 된다.

3만 피트 상공에서 기내 출산을 도운 승무원

2010년 10월 15일 미국 LA 공항을 이륙해 인천으로 향하던 대한항공 비행기에서 임신 7개월의 임산부가 진통을 시작했다. 승무원은 기장에게 임산부 승객의 출산이 임박했음을 보고했고, 기장은 위성 통신망을 통해 서울의 대한항공 종합통제센터에 연락을 취했다. 대한항공 본사 항공의료센터에서 당직 중인 의사와 통신을 주고받으며 기내 출산을 위한 준비를 시작했다.

승무원들은 임산부 승객을 일등석으로 옮겨 일등석에서 사용되는 기내 가운과 기내 담요를 잘라 아기 요람을 즉석으로 만드는 등 본격적인 출산 준비를 시작했다. 이와 동시에 기내에 도움을 줄 수 있는 의료인을 찾는 방송을 실시하고, 마침 이날 탑승한 심장내과 전문의에게 도움을 청했으며, 출산 경험이 있는 승무원을 포함해 승무원 4명이 전담 도우미로 나섰다. 진통이 시작되자 승무원들은 평소 교육받은 응급처치 매뉴얼에 따라 임산부와 "하나 둘 셋 넷, 후후" 하며 호흡을 같이 하는 등 모두 한마음으로 출산을 도왔다.

그 결과 임산부 승객은 진통이 시작된 지 1시간여 만에 일본과 인접한 태평양 상공에서 건강한 남자 아기를 출산했다. 인천공항에 도착하자 산모와 아기는 대기 중이던 앰뷸런스를 타고 무사히 병원으로 옮겨졌다.

호흡이 멈춘 두 살 아이를 살려낸 승무원

2016년 4월 8일 중국 베이징 서우두 국제공항에 착륙한 아시아나항공 비행기 안에서 한 여자 승객이 아이를 안고 울고 있었다. 그 모습을 본 김이철 사무장은 급히 달려가 상황을 살폈고 승객의 품에 안겨 있던 두 살짜리 여자아이가 숨을 쉬지 않고, 맥박이 희미해지면서 몸이 점점 굳어가고 있는 것을 발견했다. "착륙 직전 아이에게 빵을 먹였는데 아이가 토하려는 듯하다가 숨을 쉬지 않았다"는 상황을 전해 듣고, '조금만 응급 처치가 늦어지면 아이가 위험해질 수 있다'는 생각에 매년 정기 안전교육 때 배운 심폐소생술을 떠올렸다.

김 사무장은 아이를 평평한 바닥에 일단 눕혀 입 속에 토사물 등 이물질이 없는지를 먼저 확인했다. 이후 고개를 살짝 젖혀 기도를 확보하고 중지와 약지 손가락으로 온 신경을 집중해 가슴 압박을 이어갔다. 성인의 경우 양손을 겹쳐 깍지 낀 상태로 가슴 압박을 하지만 영유아의 경우에는 두 손가락만으로 가슴 압박을 한다. 5분간 필사적으로 심폐소생술을 실시한 끝에 아이는 서서히 숨을 쉬기 시작했다. 이후 공항 의료진에 인계된 아이는 치료를 받고 건강을 되찾았다.

화염 속 목숨 걸고 승객을 구한 승무원

2019년 5월 5일 오후 6시쯤 모스크바 셰레메티예보 국제공항을 이륙한 러시아 국영항공사 아에로플로트의 여객기는 28분 만에 회항을 결정했다. 여객기는 모스크바 인근 상공을 몇 차례 선회한 후 비상착륙을 시도하다 기체가 화염에 휩싸였다.

긴급 회항 이유와 화재 원인은 정확히 파악되지 않았으나 현지 언론들은 사고 여객기가 이륙 직후 낙뢰를 맞은 것으로 보인다고 전했다. 이어 러시아의 인테르팍스 통신은 "일부 승객이 공황상태에서 기내 수화물 칸에 있던 짐을 찾으려고 통로를 막으면서 여객기

뒤편에 있던 승객들의 탈출이 지연됐고 이로 인해 인명 피해가 늘어났다"라고 보도했다.

통로가 막히면서 대피가 늦어지자 승무원 타티아나 카사트키나(34)는 비상구를 발로 차 슬라이드(slide, 항공기 문에 장착된 비상탈출용 미끄럼틀)를 가동해 승객들을 대피시켰다. 그녀는 사고 당시 상황을 이렇게 설명했다. "기내는 시커먼 연기로 뒤덮여 아수라장이었다. 사람들은 불길 속에서 소리를 지르며 나가기 위해 기어 다니고 있었다. 비행기는 여전히 움직이고 있었지만 한시가 급했다. 발로 비상구를 박차고 열어 닥치는 대로 승객들의 옷깃을 잡고 밖으로 집어던졌다."

생존자들은 승무원들의 영웅적 대처가 아니었다면 인명 피해는 더욱 늘어났을 것이라며 칭찬을 아끼지 않았다. 이번 사고 생존자 중 한 사람은 "나를 구해준 승무원과 신에게 감사하다. 승무원들은 불타는 비행기에서 사람들을 신속히 빠져나갈 수 있도록 도왔다. 기내는 매우 어두웠고 믿을 수 없을 정도로 뜨거웠다. 살아남은 것 자체가 기적이다"라고 밝혔다.

아직도 패밀리 레스토랑에서 아르바이트를 해보니 사람을 좋아하고 서비스직에 적성이 맞는 것 같아서 승무원에 지원했다고 면접관에게 말하겠는가? 항공사에서는 서비스직 이미지에만 치우친 직업의식을 가진 사람을 원하지는 않는다. 승무원은 안전과 서비스, 둘 중 어느 하나도 가볍게 여길 수 없는 직업이다.

상위 1% 승무원은 전문가로 육성된다

파리로 유학을 가다

어느 날 사무실에서 면담 요청이 왔다. 팀장님이 찾는다고 하니 무슨 일인지 영문도 모른 채 사무실로 달려갔다. 이런저런 걱정을 하며 갔는데, 뜻밖에도 팀장님의 첫 마디는 "유학 좀 다녀와라"라는 말씀이었다. 어학연수도 못 간 것이 한이 되어 승무원이 되었고, 비행으로 해외를 다니는 재미를 한창 즐길 때였다. 매년 열흘 이상씩 주어진 휴가를 갈 때도 비행기표를 싸게 사서 해외여행을 할 수 있어서 소원 풀이는 한 것 같았는데(항공사 간에 직원끼리 할인을 해주는 인터라인 협약이 있어서 외국 항공사도 약 90% 정도 할인된 가격에 이용할 수 있다), 유학은 정말 생각지도 못한 제안이었다.

사실 회사에서 해외연수를 보내주는 프로그램으로 요리, 와인, 서비스 등 직업전문가 교육에 관한 과정이 있었다. 학교 선배가 와인 전문가 과정에 선발되어 프랑스 보르도로 유학을 떠났다. 회사에서 공부도 시켜주다니 정말 신선한 충격이었다. 나도 와인이나 요리 과정으로 지원하고 싶어 전공도 살릴 겸 쉬는 날마다 프랑스어 학원을 다니며 남몰래 준비를 했다. 그런데 내가 프랑스어 학원을 다닌 지 채 몇 달도 되지 않아 프랑스 지역전문가라는 또 다른 기회가 우연찮게 주어진 것이다.

당시는 아시아나항공이 오랜 숙원사업이던 파리 취항을 시작하던 해였다. 파리는 유럽 시장의 안정적인 진출을 위한 교두보로서 중요한 의미가 있는 곳이지만, 대한항공이 워낙 탄탄하게 노선을 점유하며 오랫동안 독점노선의 지위를 유지해왔던 곳이기도 했다. 그만큼 회사에서도 파리 노선에 관한 차별화 전략을 고심할 수밖에 없었고, 승무원 한 명을 시범적으로 6개월간 보내 어학연수도 시키고 문화도 경험하게 해서 프랑스 지역 전문가로 키우자는 결론이 나왔다.

운이 좋게도 내가 첫 선정자여서 숙소, 배우고 싶은 학교, 여행지, 문화체험 프로그램 등 하나부터 열까지 모든 것을 내가 자유롭게 조사하고 결정할 수 있었다. 한마디로 회사에서는 돈만 줄 테니 하고 싶은 건 마음대로 다 해도 좋다는 프로그램이었다. 6개월의 체류 기간 동안 월급과 보너스는 전액 보장받고 그 이외에 추가로 학비와 체류비로 오천만 원 정도의 경비가 지원되었다.

출국 전 두 달여 동안 쉬는 날에는 유학원과 서점을 오가며 파리로 떠날 준비를 했다. 모든 준비를 마치고 떠나기 전날 사장실로 신고식을 하러 갔다. 사장님은 무엇보다도 그 나라의 역사를 잘 공부해올 것을 당부했다. 역사를 알지 못하고서는 그 나라 사람들의 사고방식을 이해할 수 없을 뿐만 아니라 도시의 아름다움도 마음에 담을 수 없다는 말씀을 강조했다.

역사와 예술이 숨 쉬는 도시, 파리

사장님의 말씀대로 역사책을 몇 권 사서 페이지마다 포스트잇을 붙여서 학교 수업이 끝나면 책에 나오는 장소를 신발 밑창이 닳아 없어질 정도로 구석구석 찾아다녔다. 현재의 모습을 보며 시간을 거슬러 역사적인 현장을 느끼는 경험은 비행이나 여행을 와서 관광객의 관점으로 보던 때와는 확연히 달랐다.

아름다운 보쥬 광장에 위치한 빅토르 위고(Victor Hugo)의 생가에서는 프랑스 대혁명의 격동을 그린 《레미제라블》을 집필한 대문호의 정신과 숨결을 느낄 수 있었다. 그 후에 바스티유 광장에 서니 지금은 공연장으로 바뀌었지만 18세기 당시 그 자리에 우뚝 서 있었을 공포의 대상이자 절대왕정의 상징이었던 바스티유 감옥을 쳐부수는 성난 민중의 함성이 들리는 듯하기도 했다.

마리 앙투아네트 왕비가 살았던 베르사유 궁전에서는 여름에만 일정 기간 동안 왕과 외국의 사신들을 위한 축제를 재현하는 행사를 개최한다. 이 기간 동안 정원에서 야간 분수 축제가 열리는데, 밤이 깊도록 정원 가득 울려 퍼지는 클래식 음악을 들으며 넓디넓은 정원의 구석구석 놓인 분수와 조각작품을 감상할 수 있다. 이 축제는 마치 내가 당시 베르사유 궁전에 초대받은 귀족이 된 듯한 착각에 빠져들 정도로 환상적이었다. 피날레로 펼쳐진 포세이돈 조각상이 있는 분수대의 불꽃놀이는 지금까지 본 그 어떤 불꽃놀이보다 더 화려했다.

프랑스 대혁명 기념 축제를 맞아 파리의 랜드마크인 에펠탑에서 펼쳐지는 불꽃놀이와 오페라 음악에 맞춰서 웅장하게 뻗어나가는 레이져 쇼, 클래식 음악 콘서트는 단연 축제 예술의 절정을 보여줬다. 파리는 역사적인 문화유산으로 관광객을 유치해서 먹고 사는 단순한 관광도시가 아니었다. 지금도 프랑스의 문화, 예술 분야에서의 기술력은 세계의 트렌드를 선도할 정도로 앞서간다는 사실을 단순한 여행이 아닌 '살아보기'를 통해 알게 되었다.

몽마르뜨 언덕에 있는 소극장들은 저녁마다 새로운 예술공연의 실험 무대로 뜨거웠고, 미술관과 박물관의 문화전시 수준이나 기획력, 크리스마스 시즌에 도시를 아름답게 수놓는 화려한 조명기술은 한눈에 보아도 세계 최고 수준임을 알 수 있었다. 또한 많은 예술 분야의 명문 학교가 포진한 탓에 음악, 미술, 공연, 기획, 패션, 메이크업, 심지어 요리에 이르기까지 전 세계의 유학생들이 끊임없이 파리로 모여들고 있었다. 파리라는 도시는 그 자체로 예술적 영감의 원천이자 예술에 대한 열정을 펼치고 인정받을 수 있는 탁월한 무대였다.

먹고 다니고 사랑하라

파리에서 '혼자 살아보기' 기간에는 1분 1초가 아까웠다. 알면 알수록 매력적인 도시 파리에서 더 오래 지내고 싶었지만, 파견 기간이 정해져 있어서 한 시간도 허투루 보내지 않기 위해 애썼다. 다시 학생으로 돌아간 새로운 기분으로 취업 걱정과 용돈 걱정 없이 한껏 자유를 만끽한 시기이기도 했지만, 회사에서 보내준 연수라고 생각하니 그만큼 더 많이 보고 듣고 배워야 한다는 책임감도 들었다.

파리는 1년 내내 시민을 위한 다양한 행사가 진행된다. 파리에서 몇 달간 지내면서 계절의 변화와 함께하는 행사와 축제를 즐길 수 있었던 점도 좋았다. 파리에 처음 도착한 6월은 음악 축제(Fête De La Musique)가 한창 벌어지고 있어서, 거리마다 다양한 장르의 음악이 울려 퍼지며 온 도시 전체가 콘서트장이 되었다. 7월부터 시작되는 바캉스(Vacances) 기간에는 파리 플라주(Paris Plages)라는 이름으로 센 강변에 모래를 깔고 마치 해변에 온 듯 사람들이 강변에서 여유롭게 일광욕을 즐기는 풍경을 볼 수 있다. 9월 문화유산의 날에는 프랑스 대통령궁인 엘리제궁(Palais De L'Élysée)처럼 대중에게 개방되지 않던 명소가 활짝 열려 관람하기도 했다. 10월에 열리는 세계 최대의 초콜릿 박람회인 살롱 뒤 쇼콜라(Salon Du Chocolat)에 가서는 그야말로 눈과 입이 제대로 즐거웠다.

학교를 다니는 동안에도 틈틈이 노르망디를 비롯한 프랑스의 여러 도시를 여행했는데 도시마다 특색 있고 경치가 아름다워서 고흐, 고갱, 모네 등 19세기 인상파 화가들이 왜 이곳의 풍경을 화폭에 담고 싶어 했는지 알 것만 같았다. 한국으로 돌아오기 전에는 12월에 가장 큰 크리스마스 마켓이 열리는 알퐁스 도데(Alphonse Daudet)의 소설 《별》의 배경이 되었던 스트라스부르를 여행했다. 역사적으로도 독일과 영토분쟁이 잦았던 탓에 독일과 프랑스의 문화가 섞인 오묘한 분위기가 정말 인상적인 곳이었다.

반년의 시간은 길 수도 짧을 수도 있는 기간이지만, 여행도 실컷 하고 친구들도 마음껏 사귀고, 친구들과 미슐랭 가이드에 나온 맛집을 찾아다니며 먹어보기도 하고, 날마다 도서관이며 박물관과 미술관을 방문했다. 다양함을 존중하는 똘레랑스(Tolérance, 관용)의 나라에서 누구의 시선에도 구애받지 않고 온전히 나만을 위한 시간을 보낸 내 인생에서 가장 정신적으로 풍요로운 최고의 순간들이었다.

준비된 자만이 기회를 얻는다

내가 파리에서 돌아오기 전 리먼 사태로 인한 경제 불황이 덮쳤다. 그 여파로 승무원 지역 전문가 과정 또한 나를 처음이자 마지막으로 끝이 났다. 좋은 기회를 더 많은 사람이 누릴 수 없다는 게 안타깝기도 했지만, 새로운 시대에는 새로운 기회가 늘 존재한다.

기내식 전문가 양성을 위한 '온 보드 크루 셰프(On board crew chef)' 과정은 기내식 담당 전문 셰프에게 요리와 와인에 관한 정식 교육을 받아 기내에서 차별화된 서비스를 담당하는 승무원을 양성한다. 기내방송의 전문성을 높이기 위해서 방송 교관들에게는 KBS방송아

카데미에서 아나운서나 성우 분야의 교육이 지원되기도 한다. 안전 부문에 있어서는 대한적십자사에서 교육하는 응급처치 강사과정을 이수하고 자격증을 취득할 수 있도록 회사에서 지원하기도 한다. 또한, IATA(International Air Transport Association, 국제항공운송협회)가 있는 싱가포르 등지에서 안전분야에 대한 전문가 교육과정 등 수많은 교육의 기회가 지금도 있다.

미래의 발전을 위해서 회사는 언제나 인재가 필요하고 그로 인한 교육의 기회는 시대의 요구에 맞춰서 생겨나고 없어지기도 한다. 그렇지만 그 기회가 왔을 때 준비를 시작하면 이미 때는 늦어버린다. 그리스 신화에 나오는 '기회의 신' 카이로스는 앞머리는 풍성하지만 뒤통수가 대머리인 모습이다. 발에는 날개도 달려있다. 그래서 기회는 다가올 때는 쉽게 잡을 수 있지만 한번 지나쳐버리면 순식간에 사라져버리기 때문에 절대로 잡을 수 없다.

나름대로 어학 준비를 하고 있던 내게 상상도 못 했던 기회가 주어졌듯이 기회가 왔을 때 제대로 잡으려면 더 일찍부터 준비를 하고 있어야 한다. 위기로 인해 기회가 상실되었다고 탓하며 흘려보내기엔 시간은 너무나 아깝다. 꾸준히 꿈을 위해 정진하는 사람에게 기회는 생각보다 빨리 찾아온다.

"행운이란 준비가 기회를 만나는 것이다."

- 오프라 윈프리

코드원, 대통령 전용기에 오르다

자본주의의 축소판, 비행기

여행을 간다는 설렘으로 누구나 비행기를 타면 기분이 들뜨지만, 비행기에 탑승하는 순간부터 우리는 돈의 논리가 지배하는 자본주의의 불편한 진실을 마주하게 된다. 티켓의 가격에 따라 좌석이 일등석(퍼스트 클래스), 이등석(비즈니스 클래스, 프레스티지 클래스), 일반석(이코노미 클래스)으로 나뉘고, 각각의 클래스에서 누릴 수 있는 기내식, 서비스, 좌석 간 넓이, 스크린의 크기 등 차이가 엄청나다.

가격을 비교해보면 대체적으로 이등석은 일반석의 두 배, 일등석은 네 배 정도의 가격이며 뉴욕행 직항 퍼스트 클래스의 경우 왕복 티켓 값은 천만 원을 호가한다. 간혹 마일리지 승급과 같은 제도를 이용한다고 하더라도 그것 또한 신용카드로 쌓아 올린 마일리지를 써야 하는 것이므로 모두 돈이 드는 일이다.

퍼스트 클래스를 이용한다면 가격에 걸맞게 VIP 대접을 받으며 우아하게 여행을 즐길 수 있다. 공항에서부터 전용 라운지에서 휴식, 식사, 숙면을 취할 수 있고, 비행기에도 가장 먼저 탑승할 수 있다. 다리를 쭉 뻗을 수 있는 넓은 기내 좌석에는 대형 모니터에 노이즈 캔슬링(소음 제거 기능)이 탑재된 명품 헤드폰으로 영화를 감상하고, 승무원이 직접 테이블보를 깔고 고급 도자기에 담긴 다양한 식사를 코스별로 제공한다.

억만금을 줘도 탈 수 없는 비행기

아무리 돈이 많아도 일반인은 절대로 탈 수 없는 비행기가 있다. 바로 대통령 전용기다. 미국의 대통령 전용기인 '에어포스원(Air Force One)'은 '구름 위의 백악관'으로 불릴 만큼 첨단 보안 시스템을 갖춘 특별기로, 이 전용기를 배경으로 한 액션첩보영화까지 제작될 정도로 유명하다.

그렇다면 대한민국의 대통령 전용기는 무엇일까? 대한민국 대통령이 탑승하는 비행기는 일명 '코드원(Code One)'이라고 불리는데, 안타깝게도 에어포스원처럼 온전히 전용 항공기를 구입해 사용하는 것은 아니다. 1985년에 구입한 보잉 737기를 40인승으로 개조한 대통령 전용기가 있긴 하지만 기체가 작아서 일본이나 중국 등 가까운 지역을 방문할 때만 주로 쓰고 있다.

에어포스원은 두 대가 함께 움직이는 데 반해, 코드원은 한 대로 순방 일정을 소화하기 때문에 수행단의 규모가 큰 장거리 해외 순방을 할 때는 대한항공과 아시아나항공의 보잉 747-400 점보기를 번갈아가며 임차해 사용했다. 지금까지도 국격과 보안상의 문제를 고려해 전용기를 구입하자는 논의가 분분하지만 예산 문제로 인한 정치권의 합의가 이뤄지지 못하고 있다. 그 절충안으로 현재는 대한항공의 점보기(보잉 747-400) 1대를 5년 단위로 장기 임차해서 '공군 1호기'로 지정해 공군에서 관리하도록 하고 있다.

민간 항공사에서 코드원 행사 지원을 위임받던 시절에는 매번 해외순방 일정이 잡히면 항공기는 내부 개조를 거쳐 집무실과 대통령 전용공간 등을 만들었다. 행사에 필요한 인력도 회사에서 자체 선발했다. 운항승무원, 캐빈승무원, 정비사, 간호사, 기내식 담당 직원 등 탑승 근무 인원을 선발해 청와대 경호팀의 신원조회를 마치고 보안 교육, 직무 교육 등을 거쳐 비행에 투입된다.

코드원에 탑승하는 승무원들은 지원을 받는 것이 아니라 '지명' 선발 방식으로 회사 자체의 여러 가지 기준과 절차에 따라 뽑힌다. 따라서 코드원 승무원은 하고 싶다고 할 수 있는 것이 아니다. 하지만 코드원 비행을 배정받으면 회사로부터 업무 능력을 인정받았다는 증거이므로 승무원들의 자부심도 대단했다. 업무가 아니라 '임무'로 표현할 만큼 책임감도 막중한 행사였다. 비행에 관한 내용은 보안상의 문제로 일체 발설하지 않도록 단단히 교육을 받기도 했다.

쉽고 편한 일에는 성취감이 들지 않는다

평소에는 비행기 탑승하는 것으로부터 업무가 시작되고 비행기를 떠나는 순간 모든 뒤처리는 승무원의 몫이 아니라 공항마다 상주한 업체의 직원들이 담당하기 때문에, 홀가분하게 현지 호텔이나 집으로 돌아가 쉬게 된다. 하지만 코드원 비행은 사전에 케이터링(Catering, 기내식 탑재부서), 의료팀, 서비스지원팀 등 다른 부서와의 회의에 참여해야 한다. 비행 일주일 전부터는 다른 비행 일정이 없이 교육원으로 출근해 탑승하는 승무원들 간의 서비스 회의와 비행 준비, 실전에 대비한 훈련을 하게 된다.

비행을 떠나 현지에서 체류하는 동안에도 잠자는 시간을 제외하고는 모든 시간을 단체 생활에 맞춰야 하고, 개인 활동이나 외출은 일체 금지된다. 복장도 승무원의 품위를 손상시키지 않도록 정장에 준하는 복장으로 단정하게 입어야 한다.

평소 취항지가 아닌 낯선 곳으로 가는 만큼 비행 시간도 보통의 장거리보다 더 오래 걸리는 경우도 있다. 비행이 끝나도 청소하는 팀이 올라오기 전까지 서비스 물품을 정리하고 보안상 씰링(Sealing, 비행기가 공항에 주기하는 동안 기내 물품이 도난당하지 않도록 일회용 자물쇠를 채우는 일)을 하는 데도 다른 비행과 달리 특별서비스가 더 많기 때문에 점검과 정리에 시간이 훨씬 많이 걸린다.

국가의 주요 인사들이 모두 모인 자리여서 매 순간 긴장을 늦출 수 없었고 그 결과 몸은 몇 배로 더 피곤했지만, 동료들끼리 서로 다독이며 '코드원이 곧 작은 국가'라는 사명감으로 일했고 한 번도 수

고스럽다거나 힘들다는 생각은 들지 않았다. 오히려 나에게 이렇게 중대한 임무를 믿고 맡겨준 회사에 진심으로 감사하는 마음이 생겨나 더욱 의욕적으로 일했다. 믿고 맡긴다는 것, 다시 말해 신뢰를 받는 것은 무한한 책임감을 불러일으키는 원동력이며, 그 어려운 일을 해냈을 때 그 성취감과 보람은 배가 되었다.

대통령 전용기 승무원의 혜택

전용기 임무라고 해서 특별 수당 등의 직접적인 혜택이 주어지지는 않았다. 하지만 여러 가지 소소한 장점들이 있었다. 먼저 유니폼의 상태가 불량하면 안 되기 때문에, 비행 전에 모든 유니폼을 포함한 관련 지급품이 새로 제공되었다. 모자, 스카프, 윙, 배지, 신발, 앞치마, 가방 등 지급품은 회사에 처음 입사할 때 한꺼번에 새것으로 받지만, 그 이후에는 1년에 한 번씩 주는 포인트로 더러워지거나 낡은 것이 있으면 교환해 사용해야 한다. 거의 매일 입는 유니폼을 포인트로만 살 수 있기 때문에 매년 아껴 써야 했다. 전용기 근무를 하게 되면서부터는 유니폼 풍년이 들어 포인트 걱정 없이 지낼 수 있었다.

현지에 머무르는 동안 우리 일행만 인솔하는 가이드가 배정된 프라이빗(Private) 투어가 진행되는데, 회사에서 모든 투어 경비, 식사비, 체류비를 전부 부담한다. 일반 취항지가 아니라 평소에 가보지 않았던 새로운 도시를 여행하는 즐거움은 덤이다.

첫 코드원 비행에서 호텔에 도착해 배정받은 방문을 열었을 때는 방이 너무 크고 화려해서 정말 깜짝 놀랐다. 일반 비행에서는 보통 스탠더드룸(Standard Room)을 배정받는데 이날은 침실과 욕실 외에 거실까지 있는 스위트룸(Suite Room)이었다. 분명 다른 방에 비해 훨씬 비쌀 텐데 코드원 승무원들은 회사에서 호텔 방도 좋은 곳으로 잡아주나 싶어 어안이 벙벙했다. 하지만 이내 신이 나서 방에서 사진도 찍고 기분 좋게 푹 쉬었다.

다음날 아침 뷔페를 먹으며 일행에게 코드원 승무원들은 항상 스위트룸을 받는 거냐고 물었더니, 갑자기 상무님이 껄껄 웃었다. 원래 임원들이 스위트룸을 받는데 어제는 방이 너무 작아서 아무리 생각해도 이상했는데 이제 보니 나와 상무님의 방이 바뀐 거라고 했다. 나는 너무나 당황해 바로 방을 바꿔드리겠다고 했지만, 상무님은 이것도 나에게 온 행운이니 내가 가지는 것이 맞다며 웃으면서 말씀했다. 이렇게 서로를 위하고 격려하는 좋은 분위기에서 함께하는 동료들이 있다는 사실이 더욱 감동스러웠다.

이후 코드원이 공군 소속으로 넘어가 민간 항공사에 위탁이 완전히 끝나게 되면서 우리는 청와대 측의 초청으로 대통령과 오찬 모임을 하는 영광을 누렸다. 덕분에 대통령과 수행원들이 동석한 자리에서 담소를 나누고 오찬을 즐겼다. 그리고 청와대 전속 사진기사가 청와대를 배경으로 스냅사진도 찍어줬고 청와대에서 마련한 선물까지 받았다. 무엇보다 코드원 승무원이 되어 얻은 가장 큰 혜택은 함께한 동료들과의 추억과 중요한 국가 행사에 일조한다는 자긍심을 얻은 것이라고 생각한다.

특별전세기로 금단의 땅에 가다

승무원 생활의 가장 큰 매력

승무원들은 한 달에 한 번 배포되는 스케줄표를 월급날만큼 손꼽아 기다린다. 평일에 일하고 공휴일과 주말에 쉬는 일반사무직과는 달리 승무원이 쉬는 날은 아주 불규칙하다. 친구를 만나거나 취미생활을 하기 위해서 스케줄표를 받자마자 데이오프(Dayoff)라고 적혀있는 쉬는 날부터 찾아본다. 지인의 결혼식이나 가족여행 같은 중요한 일이 있으면 최소한 스케줄 생산 작업이 들어가는 2달 전에 휴가를 신청할 수 있기 때문에 신청한 휴가가 제대로 나왔는지도 확인한다.

스케줄표 배포를 기다리는 또 다른 이유는 무작위로 배정되는 취항지 중 어느 곳으로 비행을 가게 될지 궁금하기 때문이다. 비행시간이 2~3시간밖에 안 되는 일본이나 중국의 가까운 도시로 가는 노선은 대부분 퀵턴(Quick Turn)이라고 해서 비행기에서 내리지도 않고 도착하자마자 기내를 청소하고 기내식만 새로 싣고 현지 승객들을 태워서 돌아온다. 비행 시간이 4시간 이상쯤 되는 곳으로 가야 현지에 체류하며 여행을 즐기는 승무원 생활의 묘미를 누릴 수 있다. 그런 이유로 이번 달에는 어느 도시로 가게 될지 여부가 승무원들의 지대한 관심사가 된다. 이전에는 가보지 않았던 새로운 도시를 가게 되면 새로운 여행을 계획하는 것처럼 기대감에 들뜨기도 한다.

뉴욕 필하모닉 오케스트라의 평양 방문 공연

승무원의 스케줄표에는 국제항공운송협회(IATA, International Air Transport Association)에서 제정한 쓰리레터코드(3 Letter Code)로 된 공항명이 표기된다. 예를 들어 인천국제공항은 ICN, 로스앤젤레스 국제공항은 LAX인 식이다. 취항지의 공항명은 신입교육 시절부터 시험을 치를 정도로 달달 외워서 웬만한 곳은 코드만 봐도 어디인지 한눈에 척 들어온다.

그런데 한 번은 생소한 코드가 보였다. FNJ? 여기가 어디지? 스케줄팀에 문의하니 '평양순안공항'이란다. 바로 북한이었다. 평양특별전세기가 편성되어서 관련 부서에서 안내 메일이 곧 갈 거라고 했다. 도착한 메일을 확인해보니 뉴욕 필하모닉 오케스트라가 북한을 방문해 연주회를 가질 예정이었고, 한국을 통해 북한으로 입국하는 오케스트라 단원들을 수송하는 스케줄이라고 했다.

당시 북한을 핵 문제로 압박하던 와중에 6자 회담의 결과로 성사된 뉴욕 필하모닉의 평양 공연은 역사적인 사건으로 세계적인 관심이 집중되었다. 냉전시대를 넘어 북미관계 개선의 신호탄이 될 것이라는 기대로 언론에서도 이번 공연의 의미를 보도하느라 분주했다. 조선중앙방송을 통해 북한 전역에서 생방송될 뿐만 아니라, 고전음악 공연 사상 최초로 전 세계에 생방송될 예정이었다.

베를린 필하모닉 오케스트라, 빈 필하모닉 오케스트라와 함께 세계 3대 교향악단으로 불리는 뉴욕 필하모닉 오케스트라가 평양에서 공연을 갖는 것은 처음 있는 일이었다. 미국과 북한의 정치적·외교적 이념 대립을 완화시키고 세계 평화에 이바지할 '문화 외교'에 아시아나항공은 특별전세기를 제공하고 수송에 투입되는 항공편과 관련된 전액을 협찬했다.

오케스트라 단원 105명을 포함해 취재진, TV스태프 등 약 280명으로 이루어진 한국전쟁 이후 최대 규모의 방북단을 수송하기 위해 보유 항공기 중 가장 큰 점보 항공기 B747-400기가 동원되었다. 대규모 관현악단이 움직이는 만큼 많은 악기를 운송하는 문제가 까다로웠고 화물칸과 여객칸이 붙은 콤비(Combi) 기종을 개조해 악기를 손상시키지 않으면서 잘 고정할 수 있도록 특수 안전벨트와 완충제 등을 설치했다.

특별히 편성되는 만큼 기내 서비스도 모두 새로 짜야 했다. 운항, 캐빈, 케이터링, 서비스 개발팀, 서비스 지원팀 모든 관련 부서에서 모여 회의를 거친 후 기내 서비스 아이템을 선택하고 프로시저(Procedure, 서비스 순서와 방법에 대한 매뉴얼)를 정했다. 국가적인 외교 행사인 만큼 기내 서비스도 최대한 신경을 써서 기본 서비스로 따뜻한 식사에 커피, 차까지 제공하는 것으로 결정되었다.

평소에는 국내선에서 음료 서비스를 진행하는 데만 해도 비행 시간이 빠듯하다. 그런데 서울-평양 구간에서 고작 30분밖에 안 되는 시간 동안 기내식을 데워서 하나하나 트레이에 셋팅하고 음료에 식후 커피, 차까지 서비스한다는 것은 숙련된 승무원들도 웬만큼 손발이 맞지 않으면 불가능한 일이다. 비행기가 안전하게 착륙하려면 적어도 활주로에 접근하기 전까지 모든 기내 서비스용 아이템을 컨테이너나 카트 안에 다시 넣고 고정해야 하기 때문에 시간의 압박은 안전운항에 지장을 줄 수 있는 큰 문제였다. 그래서 우리는 각자 담당할 서비스 구역을 먼저 정하고 동선과 담당 업무를 분 단위로 나누어 시나리오를 짠 뒤 한 치의 오차도 없도록 연습에 연습을 더했다.

철저한 준비를 끝내고 평양 출발 당일 많은 사람들의 관심 속에 방북단원들의 탑승이 시작되었다. 화물칸을 개조하긴 했지만 기내에 직접 들고 탑승하는 악기도 있었고, 방송용 장비와 카메라도 방송국 스태프들이 대거 가지고 들어왔으므로 탑승하는 동안 적재구역에 짐이 안전하게 잘 정리될 수 있도록 도왔다. 우리나라의 천재 첼리스트 장한나의 스승으로 알려진 뉴욕 필하모닉 오케스트라의 지휘자 로린 마젤(Lorin Maazel)의 탑승을 마지막으로 항공기 문이 닫히고 우리는 평양으로 출발했다. 금단의 땅으로 향하고 있다는 감격도 잠시, 항공기가 안전고도에 올라섰다는 10,000피트 사인과 함께 안전벨트 표시등이 꺼지기 무섭게 우리는 TV 프로그램 〈생활의 달인〉에 나오는 사람들처럼 신들린 듯 서비스를 시작했다. 분단이 되지 않았다면 국내선이었을 평양까지는 역시 눈 깜짝할 새 도착했다.

원래는 단원들과 함께 승무원들도 평양에 2박3일 체류할 일정이었지만, 방북단 규모가 워낙 커서 평양 시내에 수용할 호텔이 부족해져서 우리는 페리(Ferry, 승객 없이 빈 항공기로 운항하는 것)로 돌아가야 했다. 평양 시내를 구경하지 못하는 것이 너무 아쉬웠지만, 그 대신 공항 트랙에 내려 김일성 대형 초상화가 솟은 터미널을 배경으로 사진을 찍고 고려항공에서 제공하는 셔틀버스를 타고 면세점으로 향했다. 해외명품이 즐비한 여느 면세점 분위기와는 다르게 북한의 특산물 위주의 판매를 하는 곳이었지만 나름 북한의 특색을 반영하는 장소인데 다 가격도 미화인 달러가 아니라 유로로만 적힌 것이 흥미로웠다. 대표적인 기축통화인 달러를 쓰지 않을 정도로 미국에 적대적인 국가에 그렇게 많은 미국인을 데리고 왔다니 감회가 새로웠다. 이번 공연을 계기로 평화의 물꼬가 트여 편하게 왕래하는 날이 왔으면 하는 소망을 기원했다.

이틀 후 돌아오는 단원들을 태우러 간 평양에서 우리는 면세점을 다시 방문해 첫날 같이 찍은 기념사진을 현상해 가지고 가서 직원에게 선물했다. 이틀 전 첫 만남에서는 새침하고 도도하게 단답

형으로만 대답하던 여직원들은 사진을 건네자 함박웃음을 지으며 좋아했다. 그 예쁜 언니들은 지금 어떻게 지내고 있을까?

전쟁터로의 비행

자이툰 부대가 이라크에 파병되었을 때 군인들과 함께 이라크 현지에 도착해 맞은 모래바람은 지금도 생생히 기억난다. 비록 전투 목적이 아니라 전후복구와 치안유지 목적의 파병이었지만, 기껏해야 20대 초반의 보송보송한 얼굴로 수줍게 카메라를 내밀며 같이 사진을 찍자던 군인들을 모래 섞인 칼바람이 부는 전쟁터에 내려주고 돌아오는 길에 마음이 무거웠다. 평균 군인 월급의 수십 배를 받아서 6개월 정도 파병하면 대학 등록금을 벌 수 있다는 현실적인 이유로 많이 자원했다고 들었는데, 낯설고 위험한 곳에서 가족과 떨어져 지낼 군인들을 생각하니 사실상 아직 전쟁 상태인 한반도의 상황이 떠올랐다.

1953년 정전협정 이후로 오랜 시간이 지났지만 전쟁은 끝난 것이 아니라 잠시 멈춰진 것이다. 같은 언어와 역사를 공유하는 한민족이, 서로 반목하고 총부리를 겨눈 상황에서 심지어 가족끼리도 남북으로 떨어져 만나지 못하고 그리워만 하다 백발노인이 되어버린 수십 만 명 이산가족의 가슴 아픈 비극도 여전히 현재진행형이다.

단순히 평양이나 이라크에 대한 호기심이 조금 해소되는 것으로 끝날 것 같았던 특별전세기에 대한 기대는 비행이 끝난 후 오히려 많은 생각을 불러일으킨 소중한 경험이 되었다. 내가 누리는 하루하루가 얼마나 소중한 것인지, 당연하게 여겼던 내 일상의 평화로움이 많은 사람들의 희생을 통해 얻어졌다는 사실에 감사하게 되었다. 나도 미력이나마 세상에 선한 영향력을 주고 싶다는 생각에 유니세프 봉사단체에 가입하기도 했다. 그런 점에서 돈으로 살 수 없는 새로운 경험을 할 수 있고 새로운 사람들을 만날 수 있는 승무원이라는 직업은 정말 매력적이다.

다양한 행사에 참여해 퍼스널 브랜딩이 구축된다

세계 속의 자랑스런 한국인

세계 영화산업의 메카라 불리는 할리우드, 그곳에서도 LA 돌비 극장에서 열린 2020년 2월 9일 제92회 미국 아카데미 시상식에는 전 세계인의 이목이 집중되었다. 주로 영미권 영화 위주의 보수적인 수상 관행을 깨고 영어가 아닌 외국어 영화가 작품상을 받는 역사상 최초의 사건, 그 중심에는 한국 영화 〈기생충〉이 있었다. 이 시상식에서 〈기생충〉의 감독 봉준호는 감독상, 각본상, 국제영화상의 수상으로 아카데미 4관왕의 영예를 안았다. 거장들의 박수를 받으며 트로피를 거머쥐고 겸손하면서도 재치 있게 수상 소감을 이야기하는 봉준호 감독의 모습을 보며 한국인이라면 더욱 벅찬 감동과 자랑스러움을 느꼈을 것이다.

〈기생충〉은 이미 2019년에 한국영화사 최초로 칸 영화제의 최고상인 황금종려상을 수상했고 세계의 각종 영화제에서 받은 상만 해도 250여 개로 기생충 열풍이라고 할 정도의 영화사에 길이 남을 새 역사를 써 내려가고 있다.

영화인의 축제가 영화제라면 항공사도 수많은 항공사 평가기관으로부터 상을 받고 시상식도 한다. '올해의 항공사 상'을 수여하는 ATW, 5성 항공사를 선정하는 스카이트랙스, 이 밖에도 GT(Global Traveler)사, BT(Business Traveler)사, 국내에서는 국가고객만족도(NCSI), 한국산업 고객만족도(KCSI), 한국 서비스품질지수(KS-SQI) 등 여러 기관에서 우수 항공사 또는 우수 서비스를 선정해 시상식을 개최한다.

최고의 승무원으로 시상식에 참가하다

국내 항공사의 서비스는 세계 유수의 평가기관으로부터 인정받는 자타공인 최고 수준이다. 셀 수 없을 정도로 많은 수상 경력이 있지만, 일례로 내가 근무한 아시아나항공은 세계적인 비즈니스 여행 전문잡지를 발행하는 '글로벌 트래블러'에서 주최하는 '글로벌 트래블러 테스티드 어워드(GT Tested Awards)'에서 2004년부터 2017년까지 14년 연속 '최고 기내 서비스(Best Airline For Onboard Service)'상과 '최고 승무원(Best Airline For Flight Attendants)'상을 수상했다.

미국 LA에 위치한 페닌슐라 베버리힐스 호텔(Peninsula Beverly Hills Hotel)에서 열리는 이 시상식에 나도 운 좋게 참석할 기회가 있었다. 캐빈 서비스 본부장님이 트로피를 받기로 되어있었고 본부장님을 비롯한 수행원 몇 명과 동료 승무원 세 명과 함께 출장을 가기로 결정되었다. 비행이 아니라 현지 행사 참여가 주목적이었으므로 우리는 승무원이 아닌 출장 티켓을 끊어 자리에 앉아 가게 되었다. 사복을 입고 손님처럼 앉아서 비행하니 출장이 아니라 여행을 가는 듯 설레는 마음으로 동료 승무원들의 응원을 받으며 12시간을 날아 LA에 도착했다.

다음 날 저녁 유니폼을 잘 차려입고 공들여 화장을 끝내고 일행과 함께 베버리힐스로 출발했다. 시상식이 열리는 페닌슐라 호텔은 시상식 관계자들과 취재진들이 모여 이미 축제 분위기였고, 우리는 입구에서 초대장과 참석인 명부에서 명단을 확인받고 안내를 받으며 입장했다. 아름답게 조경된 정원을 지나서 들어간 호텔 연회장에서는 영화에서만 보던 외국의 파티 장면이 그대로 연출되고 있었다. 나비 넥타이를 맨 웨이터들이 쟁반에 샴페인을 들고 다니면서 권했고, 정장과 드레스로 멋을 낸 많은 외국인들이 스탠딩 파티를 즐기고 있었다.

우리가 입장하자 유니폼 때문인지 그 자리에서는 드물게 아시아인이기 때문인지 시선이 집중되었고 몇몇 사람은 친근하게 말을 걸어오기도 했다. 그렇게 파티 분위기에 흠뻑 젖어 샴페인과 핑거 푸드를 즐기고 있을 때, 파티의 메인 행사인 시상식이 시작되었다.

여러 부문의 수상이 지나가고 최고 기내 서비스 및 승무원(Best Onboard Service & Flight Attendants)상으로 "Asiana Airlines!"가 호명되자 사람들의 환호성이 터지고 우리는 무대 위로 올라갔다. 그리고 트로피를 받아 든 본부장님 옆으로 유니폼 스태프인 우리는 나란히 포토라인에 섰다. 난생 처음 쏟아지는 플래시 세례를 받은 순간이었다. 이날 찍힌 사진은 다음날 각종 신문에 기사와 함께 보도되었다.

신데렐라와 유리구두

또 한 번 국제적인 행사에 참석한 적이 있다. 세계 최대항공사 동맹체인 스타얼라이언스(Star Alliance)에 벨기에 국적 항공사인 브뤼셀 항공이 가입하는 행사가 브뤼셀에서 열렸다. 이번에는 사장님과 수행원들이 동행했고 승무원은 나 혼자였다. 스타얼라이언스에 가입된 26개의 회원사 객실 승무원들이 각각 한 명씩 모여 사진 촬영을 하기 때문에 내가 동행한 것이었다.

사장님과 함께하는 출장이어서 공항 대기부터 인천공항에 위치한 퍼스트 클래스 라운지로 안내받아 비행기 탑승을 기다렸다. 기내가 아닌 퍼스트 클래스 공항 라운지는 그때 처음 가봤는데, 프라이빗 샤워실과 수면실까지 갖춘 시설은 말할 것도 없고 그랜드 피아노에 호텔식 요리까지 뭐 하나 부족한 것이 없었다.

벨기에에는 화물기만 운항하고 있었기 때문에 현지 지점에 회사

직원들이 상주해 있었다. 우리는 도착과 함께 현지 직원들의 환영을 받으며 벨기에 시내의 유서 깊은 최고급 음식점에서 식사를 대접받고 호텔로 들어갔다.

다음날 본격적으로 시작된 브뤼셀 항공의 가입 행사는 브뤼셀 시내 곳곳을 돌아다니며 진행되었다. 시내 투어 일정을 시작으로 각국에서 모인 26개 회원 항공사 객실 승무원들은 브뤼셀의 명물인 '오줌 누는 아이(Manneken Pis)'로 불리는 동상이 있는 분수대 앞에서 기념촬영을 했다. 평소에는 발가벗고 있는 모양이지만 이날 특별히 브뤼셀 항공의 기장 유니폼을 입은 동상의 모습은 정말 앙증맞고 귀여웠다.

이날 행사는 많은 언론사와 항공사 관계자들이 참석했고 낮부터 밤까지 이어졌다. 무엇보다도 행사의 대미는 브뤼셀 시내 한복판에 위치한 중앙광장인 그랑플라스(Grand Place)에서 열린 대형 풍선과 조명 쇼였다. 마치 세계인의 화합을 다지는 올림픽 폐막식을 연상시키며 스타얼라이언스 회원사들 간의 결속을 다지는 화려한 퍼포먼스로 행사는 마무리되었다.

이후 주최 측에서 마련해준 뒷풀이 장소에 모인 각 나라 항공사의 승무원들은 와인과 저녁을 함께하며 밤늦도록 이야기 꽃을 피웠다. 객실 승무원이라는 공통점 때문인지 온종일 일정을 함께한 것만으로도 금세 친해져서 아쉬운 마음에 페이스북 아이디까지 나누고 헤어졌다.

신데렐라의 무도회처럼 밤 12시가 지나니 호박 마차는 그냥 호박으로, 마차를 끌던 늠름한 말들은 다시 생쥐로 변했고 황금빛 드레스도 사라졌다. 나도 일상으로 돌아와 하루하루 열심히 비행 근무를 했다. 하지만 다음날이 되어도 변하지 않은 신데렐라의 유리구두처럼 유니폼을 입고 항공사를 대표했던 경험은 특별한 기회로 활용할 수도 있다. 나와 함께 코드원 근무를 했던 한 승무원은 크고 작은 행사에 참석하기도 하고 사내 모델로도 활동하다가 그 경력을 디딤돌 삼아 방송국에 지원해 기상캐스터로 입사했다. 현재는 정보 프로그램을 진행하는 MC 등 여러 분야에서 방송인으로 활약하고 있다. 기왕 승무원이 된 이상 한 번쯤은 기내화 대신 유리구두도 신어볼 만하지 않을까? 영화사의 새 역사를 쓴 봉준호 감독처럼 특별한 비행의 경험은 개인의 브랜드 가치를 높여주는 나의 역사가 된다.

외국 항공사와 교류하다

5성급 항공사, 남다른 비결이 궁금해!

승무원을 지망하는 사람이라면 지원 항공사에 대한 선택부터 해야 한다. 국내 항공사에 지원할 것인지 외국 항공사에 지원할지 결정해야 하는 것이다. 모집 요강도, 항공사별 문화적 특징도, 원하는 인재상도 모두 다르기 때문이다. 요즘은 블로거나 유튜버들이 손님으로 탑승해 처음부터 끝까지 사진도 찍고 비디오로 남겨 항공사별 차이를 세세하게 관찰해 소개하기도 하고 전·현직 승무원들이 직업의 세계에 대한 자세한 이야기를 하기도 하지만, 이전에는 직접 경험하지 않고서는 별다른 정보가 없었다.

승무원이 되고 나서는 얼핏 보면 어떤 항공사든 비슷비슷해 보이는 기내 서비스에도 차이점이 뭘지 더욱 궁금해졌다. 동료 승무원들과 함께 인터라인 협약을 이용해 다른 항공사를 타고 여행할 때는 비행기 구석구석을 돌아다니면서 눈에 불을 켜고 차이점을 관찰하기도 했다. 그런데 그런 궁금증이 개인적인 차원의 것만은 아닌 것 같다.

앞에서도 언급했듯이 아시아나항공은 세계 항공사의 서비스 품질을 평가하는 스카이트랙스로부터 최고 등급인 '5성급'을 받은 국내 유일의 항공사다. 게다가 2009년 ATW 선정 '올해의 항공사', 2010년 스카이트랙스 선정 '올해의 항공사', 2011년 글로벌트래블러 선정 '올해의 항공사'에 오르면서 세계 최초로 3년 연속 전 세계 항공업계의 메이저 타이틀을 모두 거머쥐는 골든 그랜드 슬램의 위업을 달성했다.

전 세계적으로 이런 성과를 올리면서, 나라를 대표하는 국책항공사도 아닌 비행기 1대에서 시작한 민영항공사가 어떻게 이렇게까지 성장했는지 그 노하우를 궁금해하는 항공사들이 생겨났다. 그중에서도 터키항공은 '승무원 교환탑승 프로그램'을 먼저 제안할 정도로 아주 적극적이었다. 먼저 각 항공사에서 교환승무원을 선발해 탑승근무와 관련된 교육을 거친 뒤, 상대편 승무원을 1명씩 자사 항공기에 탑승시켜 통역 서비스 등을 제공하는 프로그램이었다. 터키항공은 이를 통해 아시아나항공의 5성급 항공사의 노하우를 전수받고자 했다.

아시아나항공-터키항공, 승무원 교환탑승

승무원 교환탑승 프로그램은 일사천리로 추진되어 터키항공의 실사단이 아시아나항공 본사로 방문해 우리 측 임원단과 함께 약정식을 체결했다. 1년간 매주 한 차례 상대편 승무원 한 명씩 자사항공기에 탑승시키기로 했고, 터키항공으로 파견할 자사의 승무원들을 선발했다. 주로 교육훈련팀 소속 교관들과 서비스 커미티(정기적으로 모여 서비스를 보완하거나 개선할 점에 대해 회의하고, 회사에 건의해 현장에 반영하도록 하는 모임) 활동을 하는 승무원, 관리자급에서 추천받은 승무원들로 선발되었는데, 근속연수와 직급은 골고루 구성하도록 했다. 나는 당시 교관으로 근무하고 있어서 선배의 추천으로 프로그램에 참여하게 되었고, 총 열 명의 승무원이 교환승무원으로 최종 확정되었다.

본격적으로 터키항공에 탑승하기 전에 먼저 이스탄불 현지에 있는 터키항공 본사에서 탑승교육을 받아야 했다. 교육을 받기 위해 우리 일행은 승무원이 아닌 출장 직원 자격으로 이스탄불행 비행기에 올랐다. 큰 행사에 단독으로 참여하거나 사장님이나 상무님처럼 임원과 함께하는 출장이 아니라 승무원 동료들끼리 가게 되어서 마음의 부담도 훨씬 덜했다. 비행기 안에서는 다른 손님들이 승무원인 것을 알아채지 못하게 사복을 입고 승객처럼 행동해야 하니 오히려 기내영화도 실컷 보고 잘 먹고 잘 쉬는 여행 같은 비행이었다.

이스탄불에 도착해서 호텔 체크인을 끝낸 뒤 각자 배정받은 방키를 받았다. 이른 오후에 도착해서 밖에는 해가 한창 떠 있었다. 여느 때 같으면 장거리 비행으로 피로가 겹겹이 쌓여 씻고 잠부터 자기 바빴겠지만 편안히 앉아서 오면서 비행기에서 잠도 충분히 잤던 탓에 일행 모두 컨디션이 좋았다. 저녁도 해결할 겸 각자 방에 들어가 가방만 풀어놓고 다시 나와 시내 투어를 하기로 했다.

이스탄불에는 그때 처음 방문했다. 다른 유럽의 도시와는 다르게 동서양의 문화가 공존하는 시내의 모든 풍경이 신선하고 이국적이었다. 동료들과 함께하는 투어는 더없이 즐거웠다. 현지식으로 든든하게 저녁식사를 하고 다음날 터키항공의 본사를 방문한다는 설렘으로 호텔로 돌아와 휴식을 취했다.

다음날 아침 유니폼을 차려입고 본사로 향했다. 비행 때는 사복을 입고 왔는데, 거꾸로 현지에서 유니폼을 입고 나가려니 조금 어색한 기분도 들었다. 기대 반 설렘 반으로 도착한 본사에서 우리 일행의 교육을 담당할 터키항공 교육팀의 교관들이 우리를 환영했다. 첫날이라 센터 견학과 시설 안내, 부서별 근무자들과 인사를 나누고 사진을 찍는 일정이었다. 캐빈 부문의 가장 높은 임원이었던 서비스 본부장님은 아시아나항공이 어떻게 5성급 항공사가 되었는지 매우 궁금해하며 질문을 쏟아내기도 해서 본부장님의 집무실에서 많은 시간을 보내며 화기애애한 시간을 가졌다.

그 후 일주일 동안 우리는 매일 출퇴근을 하며 터키항공의 항공기 기종과 안전규정, 비상상황 대처법, 기내 서비스 매뉴얼, 기업문화 등을 교육받았다. 우리 회사에서 신입교육을 받을 때는 모든 항공기 기종과 수많은 국제선 노선에 관한 비행 정보를 모두 공부해야 했기 때문에 정말 복잡하고 어려웠지만, 이번에는 우리가 투입되는 인천-이스탄불 노선과 하나의 기종에 대해서만 교육을 받아서 내용은 크게 어렵지 않았다. 더구나 기내식의 이해를 위해 방문한 케이터링 업체에서는 시식용 음식을 호텔 뷔페처럼 차려놓고 자유롭게 먹을 수 있도록 제공해서 잔치집에 초대받은 손님처럼 즐겁게 교육을 받았다.

교육의 마지막 날은 교관님들이 직접 가이드가 되어 시내투어도 해주고 점심식사도 대접해주었다. 그리고 본사로 돌아와 마지막 수업을 끝내고 아쉬움의 인사를 나누고 있던 중 갑자기 아시아나항공기의 사진을 넣어 특별제작한 케이크와 함께, 터키항공 모형비행기, 문구류 등 터키항공의 로고가 새겨진 기념품 선물을 한아름 가져와 서프라이즈 환송회를 해줬다. 교육생으로서는 너무나 극진한 대접에 우리는 모두 감동의 눈물을 흘리며 서로를 얼싸안고 작별을 아쉬워했다.

다양한 세계의 사람들을 만날 수 있다는 것

서울로 돌아와 교환승무원으로 이스탄불을 오가는 터키항공의 항공기에 탑승해 근무를 할 때는 늘 일상적으로 만나던 회사 동료들이 아닌 외국 항공사의 승무원들과 함께 일하면서 더욱 다양한 사람들을 만날 수 있었다. 태권도를 배운 계기로 한국어를 3년간 독학했다며 한국 노래를 열창하던 승무원, 비행 전 조종실 구경을 시켜주던 기장님, 비행 중 휴식 시간에 벙크(Bunk, 기내에 마련된 승무원들의 휴식공간)가 아닌 비즈니스 클래스의 빈 좌석에서 편하게 쉬라고 하며 푹신한 거위털 이불을 내어준 매니저, 몇 달 후면 정년퇴직을 하고 대학교수로 나가게 된다며 지난 수십 년 근무한 비행 인생을 회고하던 고참 매니저까지 많은 사람들의 따뜻한 친절을 받으며 나도 다른 사람들을 기분 좋게 하는 사람이 되어야겠다고 다짐했다.

다양한 사람들에게서 배울 점을 발견하고 그로 인해 나도 조금씩 성장해가는 것은 정말 즐거운 일이다. 그런 의미에서 승무원이 아니었다면 못 해봤을 특별한 경험이 많지만 그중에서도 다양한 세계의 많은 사람들을 만날 수 있었던 것은 축복이었다.

나도 항공사를 선택할 수 있다

실행에 앞서 전략부터 세우자

승무원을 준비하게 되면 마냥 항공사의 선택을 기다려야 하는 입장이라고 생각할 수 있지만, 사실 어떤 항공사에 지원할지 내가 먼저 선택하는 과정이 선행되어야 한다. 일단 승무원이 되는 것이 목표여서 무조건 모든 회사에 지원해서 자신을 뽑아주는 곳으로 가겠다고 한다면, 확실하게 동기가 부여되지 않아 면접에서도 강력하게 자기 자신을 제대로 보여주지 못할 가능성이 크다.

승무원 취업에는 반드시 전략 수립의 단계가 먼저 필요하다. 상대를 알고 자신을 잘 파악하면 백 번을 싸워도 위태롭지 않다는 '지피지기 백전불태(知彼知己 百戰不殆)'라는 손자병법의 가르침처럼 승무원으로서의 진정한 준비는 전략을 세우는 것으로 시작해야 한다.

전략 없는 실행은 무모하다. 마치 설계도 없는 건물처럼 제대로 된 성과를 올리지 못할 가능성이 높다. 승무원을 준비할 때 면접 준비의 과정은 실행에 가깝다. 인사연습을 하고, 자기소개서를 고치고, 자기소개 멘트를 다듬고, 헤어와 메이크업 등 어피어런스를 다듬는 것 등은 실전을 앞둔 실행의 첫 단계다.

실행의 단계 이전에 정말 중요한 것은 전략의 수립이다. 전략이라는 말은 원래 전쟁터에서 승리를 위해 짜는 전투 계획, 수행 방법 등을 말한다. 하지만 갈수록 좁아지는 취업문을 뚫으려면 취업도 전쟁에 준하는 치열한 경쟁의 관점에서 준비해야 한다. 승리를 위한 계획은 다른 지원자보다 나의 강점을 더 부각시키기 위한 전략이다.

영화 〈명량〉에서 이순신 장군은 평소 그를 시기하던 사람들의 모함을 받고 감옥에 갇힌다. 그 사이 지휘권을 이어받은 원균은 왜군에 대패하여 많은 병사와 수군의 전함을 상실하게 된다. 이에 선조는 이순신을 다시 삼도수군통제사로 임명하지만, 얼마 남지 않은 배와 수군으로는 도저히 싸움이 불가능하다고 판단하고 이순신에게 육군에 합류할 것을 명한다. 하지만 이순신은 그 유명한 대사 "신에게는 아직도 12척의 배가 남아있습니다"라며 어명을 거부한다. 단 12척으로 일본의 함대 130여 척과 맞서 싸운 명량해전의 결과는 이순신 장군의 대승이었다.
어명을 거부한 결과로 싸움에 패한다면 어떤 처벌을 받게 될지 뻔히 알 수 있는 절박한 상황에서 승리를 자신한 것은 우연한 행운을 바란 것도 무모한 패기도 아니었다. 불리한 상황을 극복하고 이뤄낸 이순신의 승리는 군사들을 독려하여 '살고자 하면 죽을 것이요, 죽고자 하면 살 것이다(生卽死 死卽生)'의 정신력으로 무장하는 한편, 울돌목(명량해협)의 지형과 파도를 정확히 분석하여 철저하게 세운 전략 덕분이었다.

자신의 성향을 파악하는 Yes or No 분석법

전략을 수립하는 데 도움이 될 만한 방법을 소개하면, 순서도를 만드는 것처럼 나의 성향을 하나하나 Yes or No로 대입해나가는 분석법이 있다.
먼저 지원하고 싶은 항공사를 쭉 나열한다. 그런 다음 비슷한 특징과 성향의 항공사를 카테고리별로 묶는다. 예를 들어 국내 항공사의 경우 대한항공과 아시아나항공이 있는 FCS(Full Service Carrier), 저비용항공사인 LCC(Low Cost Carrier)가 있다. 그 외에 한국인을 채용하는 외국 항공사가 있다.
각각의 항공사에서 원할 것 같은 인재상이나 성격을 떠오르는 대로 써 내려간다. 승무원에 관심을 갖고 준비하는 사람이라면 항공사별로 원하는 인재상을 파악할 수 있다. 잘 모르겠다면 기존의 항공사별로 합격한 사람들의 후기를 수집해서 분석해봐도 좋고, 여러 명의 준비생들이 모여 머리를 맞대고 함께 생각해보는 것도 좋은 방법이다.
그 후에는 각각의 항목에 대해 자신의 성향과 일치하는지 대입해보고 Yes or No로 결정한 뒤 Yes의 항목이 가장 많이 나온 카테고리의 항공사가 나와 맞는 성향이라고 유추할 수 있다. 이해를 돕기 위해 테스트 버전을 예시로 살펴보자.

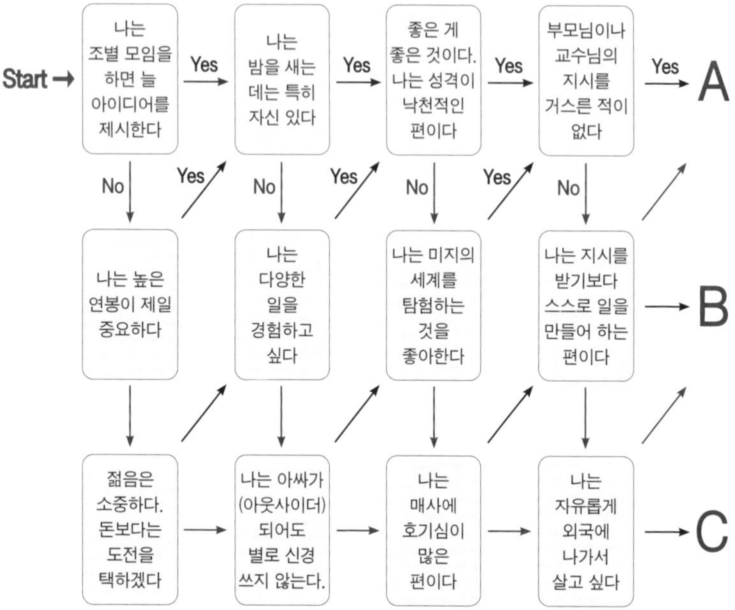

승무원이 되기 전에는 승무원만 되면 모든 게 다 좋기만 할 것 같지만, 회사마다 다른 근무환경에 적응해야 하기 때문에 자신의 성향과 맞지 않으면 오래 근무하기 어렵다. 예를 들어 자유분방한 성격의 사람은 역사가 오래되고 보수적인 FSC항공사의 수직적인 조직문화를 못 견딜 수도 있고, 여행을 좋아하지만 가족과 오랜 기간 떨어져 지내는 것을 힘들어하는 사람은 해외 체류지가 베이스인 외항사 근무는 맞지 않다. 그러므로 Yes or No 분석법은 자신을 먼저 파악하는 첫 단계로 가볍게 시작해도 좋다.

SWOT 분석법

본격적인 전략 수립 방법으로 SWOT 분석을 이용한다. 미국의 경영컨설턴트인 앨버트 험프리(Albert Humphrey)가 고안한 이 분석법은 내부환경과 외부환경을 분석하여 강점(Strength), 약점(Weakness), 기회(Opportunity), 위협(Threat) 요인을 찾아내고 이를 기초로 삼아 전략을 수립하는 기법이다. SWOT 분석의 가장 큰 장점은 내부와 외부 환경의 변화를 동시에 파악하여 지원자 자신과 항공사인 기업에 관한 분석을 모두 할 수 있다는 점이다.

SWOT 분석이 끝났으면 이를 토대로 전략을 수립한다. SWOT 분석은 자신의 강점은 최대한 활용하고 약점은 보완한다는 논리에 기반하고 있다. 또한 외부의 기회는 최대한 활용하고 위협 요소는 회피하도록 전략을 세운다. 그러므로 SWOT 분석에 의한 전략은 다음과 같이 정리할 수 있다.

| 지원자의 SWOT분석 사례 |

SWOT분석

Strength **S**	Weakness **W**
꼼꼼하고 세심한 성격 미리미리 준비하는 생활습관 성실함을 바탕으로 한 높은 학점	부족한 외국어 능력 긴장을 많이 하는 성격 경제 개념이 부족하다
Opportunity O	**Threat T**
스펙보다는 실무형 인재를 뽑는 추세 대학생 신분으로 누리는 다양한 경험	중국과 일본의 외교적 문제 전염병으로 인한 항공여행 수요 급감 취업난이 가중되어 경쟁 심화됨

SWOT 전략 구성 방법
■ SO 전략(강점-기회전략): 강점을 살려 기회를 포착
㉾ 대학생을 대상으로 하는 인턴십이나 공모전에 참가해 실무경험을 쌓는다.
■ ST 전략(강점-위협전략): 강점을 살려 위협을 회피
㉾ 기업의 모집인원이 줄어듦에 따라 상위 1%의 핵심인재를 목표로 준비한다.
■ WO 전략(약점-기회전략): 약점을 보완하여 기회를 포착
㉾ 부족한 외국어 실력을 보완해 실무에 적용할 수 있는 어학 능력을 갖춘다.
■ WT 전략(약점-위협전략): 약점을 보완하여 위협을 회피
㉾ 스터디에 참가하거나 비디오 촬영 등으로 긴장감을 최소화하여 실전 면접에 대비한다.

자신에게 주어진 유한한 자원으로 최대의 효과를 이끌어내기 위해서는 효과적인 전략을 세우는 것이 무엇보다 중요하다. 만반의 준비로 무장을 하고 적을 맞을 것인가, 준비 없이 일단 몸으로 부딪쳐보겠는가, 선택은 본인의 몫이다.

2장

항공사가 선호하는 지원자는 따로 있다

CODE 1

고객의 머릿속에 각인시키는 이미지 관리

왜 승무원은 유니폼을 입을까?

승무원은 유니폼을 입는 직업이다. 옷만 정해진 것이 아니라 모자, 블라우스, 스카프, 구두뿐만 아니라 들고 다니는 가방까지 지급된다. 비행 근무 중에 입는 앞치마와 가디건 등도 유니폼에 포함되어 디자인된다. 어디 그뿐인가. 메이크업이나 액세서리 착용 등도 세세하게 다 규정이 있어서 유니폼에 어울리는 범위로 한정된다.

항공사에서는 왜 이렇게 엄격하게 승무원들의 복장 규정을 정하는 걸까? 같은 항공사에 근무하는 사람이라고 하더라도 고객을 직접적으로 응대하는 직군, 예를 들어 기장, 정비사, 공항에서 근무하는 지상 직원과 같은 직군에만 유니폼이 존재한다.

많은 항공사의 유니폼은 유명한 디자이너들에 의해 디자인된다. 대한항공 유니폼은 크리스찬 디올의 수석 디자이너였던 이탈리아 디자이너 지안프랑코 페레(GianFranco Ferre)가 제작한 의상이다. 또한 아시아나항공 유니폼은 세계적 예술 전문 출판사인 영국 파이돈(Phaidon)이 선정하는 '20세기를 빛낸 패션인 500인'에 한국인으로는 유일하게 선정된 한국 패션계의 살아있는 역사라 불리는 진태옥 디자이너가 만들었다. 도대체 왜 항공사에서는 유니폼에 이토록 힘을 주는 것일까?

항공사 유니폼 디자인을 의뢰받은 디자이너들은 그 항공사의 경영철학, 비전, 나름의 독특한 특징을 모두 담아내어 그 회사의 강점을 최대한 아름답게 끌어낼 수 있도록 고심에 고심을 거듭한다. 그만큼 유니폼은 항공사의 품격과 이미지를 대표하는 방법이며 가장 효과적인 홍보 수단이다.

항공사도 이미지 관리가 필요해

이제 항공사에서 승무원을 뽑을 때 무엇을 중요하게 생각할지 감이 올 것이다. 바로 '이미지(Image)'다. 이미지 관리라고 하면 주로 연예인들이나 하는 것으로 생각할 수도 있지만, 항공사에서도 이미지 관리에 상당히 신경을 쓴다. 항공사의 이미지가 곧 마케팅 전략이기 때문이다. 다시 말해 항공사는 영업 전략을 위해 이미지를 이용한다.

이미지는 우리말로 바꾸면 '심상(心象)'이라고 한다. 말 그대로 풀이하면 마음속에 떠오르는 형상이다. 가령 우리가 누구를 보았을 때 가장 먼저 머릿속에 떠오르는 느낌이 그 사람에 대한 평가라고 설명할 수 있다. 어떤 배우를 떠올렸을 때 누구는 청순한 이미지, 누구는 강인한 이미지 등으로 나누게 되는 것도 그 사람에 대한 이미지가 각인되어있기 때문이다. 이처럼 각각의 항공사도 우리 머릿속에서 곧바로 떠오르는 어떤 좋은 이미지를 만들고 고객의 머릿속에 각인시키기 위해 노력한다. 오늘도 항공사는 승무원을 통해, 유니폼을 통해, 광고를 통해 고군분투 중이다.

승무원은 항공사를 대표한다

항공사에서 원하는 이미지를 만들기 위해 유니폼에 신경을 쓰는 것이라면 그 유니폼을 입고 직접 고객과 대면할 승무원을 뽑을 때는 항공사의 이미지와 맞는 사람을 찾으려고 하는 게 당연하다. 승무원을 선발할 때 외모지상주의이니 불평등이니 하는 여론의 지적이 여러 번 나오긴 했지만, 항공사의 이미지 확립은 정체성을 좌우하는 문제이므로 유니폼에 잘 어울리는 사람을 뽑지 않을 수 없다.

유니폼에 잘 어울리는 사람이란 키 크고 날씬하고 예쁜 사람을 뜻하는 것이 아니다. 유니폼에 담은 회사를 대표하는 상징성, 경영 철학, 비전 등을 마치 본인의 아이덴티티(Identity)처럼 잘 소화해내는 사람을 찾는 것이다. 가고자 하는 항공사가 있다면 그 항공사가 원하는 이미지를 본인이 선천적으로 잘 타고났는지, 아니면 후천적인 노력으로 인해 그런 이미지에 부합하는 사람이 될 수 있는지를 고려해야 한다.

상위 1% 승무원의 다섯 가지 이미지 관리법

다행히도 우리가 '승무원' 하면 떠오르는 이미지가 별반 다르지 않듯이 항공사마다 선호하는 이미지는 기본적인 큰 틀에서는 비슷한 부분이 많다. 따라서 상위 1% 승무원의 범위에 드는 이미지를 갖추기 위해서는 기본에 더욱 집중하는 게 좋다. 그렇다면 이미지 관리의 기본이란 어떤 것이 있는지 하나하나 살펴보자.

페이스(Face)

먼저 표정이다. 표정은 상대방을 대할 때 가장 확실하게 내가 의도하는 이미지를 줄 수 있는 강력한 요소다. 좋은 인상을 남기고 호감을 얻기 위해서는 부드러운 표정을 짓는 것이 필요하다. 평소에 많이 하는 표정은 그대로 얼굴에 남아 나의 인상이 된다.

패션(Fashion)

때와 장소, 상황에 맞게 옷을 갖춰 입어야 하고 차림새는 단정해야 한다. 생존에 필요한 가장 기본적인 3요소를 말할 때 의식주라고 하는데, 그중에서 옷차림을 뜻하는 '의'가 가장 처음에 나온 것은 그만한 이유가 있다. 전통적으로 옷차림은 그 자체로 그 사람의 신분을 대변할 만큼 중요성이 있었기 때문이다. 신분제가 철폐된 현대 사회에서도 사회활동에서 옷차림이 주는 느낌은 절대적으로 중요하며 타고난 외모보다 훨씬 더 강력한 효과를 발휘한다.

보이스(Voice)

일반적으로 사람은 이미지를 결정할 때 시각적인 요소에 영향을 가장 많이 받는다고 생각하지만 청각적인 요소도 중요하다. 좋은 목소리를 통해 세련된 인상과 신뢰감을 줄 수도 있다. 반면, 너무 작은 목소리는 자신감 없는 인상을 준다. 지나치게 높은 목소리는 가볍고 경박한 인상을 줄 수도 있다.

매너(Manner)

글로벌 에티켓과 매너는 승무원에게 필수적인 요소다. 이는 상대방에 대한 배려에서 출발하는 것이긴 하지만 어느 정도 상식도 필요하다. 좋은 매너는 행동과 말씨를 모두 포함하는데 좋은 매너가 몸에 배어있는 사람은 품격도 높아 보인다.

커뮤니케이션(Communication)

나와 말이 잘 통한다고 느끼는 사람은 편안함을 준다. 어딜 가나 말이 잘 통한다는 평판을 듣는 사람에게 비결을 물어보니 상대방의 말을 그저 잘 들어주는 것이라고 했다. 그만큼 공감과 호응은 커뮤니케이션, 즉 소통을 잘하는 비결 중 하나다. 상대방의 생각을 존중하면서 내가 전달하려는 바를 상대방에게 잘 이해시키는 것, 그것이 원활한 커뮤니케이션이자 훌륭한 의사소통의 방법이다.

비굴하지 않는 겸손함, 외유내강 스피릿

승무원은 국가대표 감정노동자?

2013년 4월 포스코 그룹의 한 임원이 여객기에서 승무원을 폭행한 사건이 발생하면서 감정노동자의 현실이 큰 주목을 받았다. 감정노동이란 '말투나 표정, 몸짓 등 드러나는 감정 표현을 직무의 한 부분으로 연기하기 위해 자신의 감정을 억누르고 통제하는 일을 수반하는 노동'을 말한다. 산업이 고도화되고 서비스업 종사자가 늘어나면서 등장한 노동 형태다. 미국 버클리대 명예교수이자 여성 사회학자인 앨리 러셀 혹실드(Arlie Russell Hochschild)가 1983년에 낸 책 《감정 노동: 노동은 우리의 감정을 어떻게 상품으로 만드는가(The Managed Heart)》에 등장한 용어다. 2012년 한국직업능력개발원이 203개 직업에 종사하는 노동자 5,667명을 대상으로 한 설문조사 결과에 따르면, 항공기 승무원이 감정노동에 가장 많이 시달리는 것으로 나타났다.

격하게 감정을 표출하며 불만을 제기하는 소비자인 블랙 컨슈머(Black Consumer)와 함께 감정노동에 대한 문제가 사회 전반적으로 이슈가 되면서 승무원은 감정노동자의 대표격이 되었다. 하지만 이런 인식이 정말 사실일까?

승무원 친절함의 선 긋기

고객 응대를 교육하는 CS(Customer Service)교육 전문가들 중에는 승무원 출신이 많다. 아시아나항공에는 서비스 컨설팅을 전담하는 부서가 따로 있어 은행, 병원, 대기업 등에서 직원 친절 교육을 의뢰받아 항공사 서비스의 친절함과 노하우를 전수한다. 그만큼 친절을 강조해 교육하다 보니 웬만해서는 승무원들이 손님들에게 딱딱하게 대하는 일은 거의 일어나지 않는다. 가끔은 무리한 요구를 하는 승객에게도 예의를 갖춰 원만히 해결하려고 하기 때문에 감정적으로 힘든 경우도 많이 발생한다. 그런 경우를 두고 감정노동 종사자라고 분류할 수도 있겠지만, 여기에는 약간의 오해도 있다는 생각이 든다.

감정노동자라는 단어가 주는 어감 때문에 간혹 승무원은 승객의 갑질이나 신체적, 감정적으로 부당한 대우를 당하더라도, 혹은 자기가 잘못하지 않은 일에도 무조건 '죄송합니다'를 입에 달고 살아야 하는 직종으로 오해하는 경우가 있는데 이는 사실과 다르다.

당연히 서비스의 영역에서는 기본적으로 승객을 친절하고 상냥하게 대해야 하지만, 비행기에는 '왕으로 군림하는' 한 사람의 승객만 탑승하는 것이 아니다. 많게는 수백 명의 승객의 안전과 여행의 쾌적함을 동시에 보장해야 하기 때문에 항공안전에 위해를 가하는 행동이나 폭언, 승무원의 업무를 방해하는 행위는 엄연히 '항공안전 및 보안에 관한 법률'로 제지하게끔 되어 있다.

승객이 난동을 부리는 상황이 벌어지면, 승무원은 청원경찰의 자격으로 경고장, 수갑, 포승줄 등 승객을 제압할 수 있는 보안장비도 사용할 수 있다. 물론 이러한 상황은 극단적인 경우이고, 이런 장비들이 사용되는 상황도 아주 드물다. 다만 여기서 말하고자 하는 바는 승무원의 친절은 어디까지나 승객이 기본적인 예의를 갖추는 선 안에서의 일이라는 것이다. 그리고 승객이 선을 넘는지 안 넘는지를 판단하는 것은 전적으로 승무원의 몫이다. 승객에게 무조건 친절해야 하고 승객의 요구는 무엇이든 들어줘야 한다고 생각한다면 안전업무와 보안활동을 수행할 수 없다.

승무원으로서 준비해야 할 마음가짐은 부당한 요구에도 "죄송합니다"를 연발하며 묵묵히 견딜 수 있는 인고의 정신은 분명 아니다. 승무원을 뽑을 때도 자존감이 낮고 비굴함이 몸에 배인 사람을 적임자라고 생각하지는 않는다. 승무원은 '교만하지 않은 자신감'과 '비굴하지 않는 겸손함'을 갖춘 사람이다.

상위 1% 승무원의 스피릿

사람의 말, 태도, 행동을 지배하는 것은 모두 정신에서부터 온다. 먼저 친절한 말투는 상대방에게 예의를 갖추는 겸손한 마음에서 나온다. 비행기에 오르는 손님에게 밝은 표정으로 반갑게 맞이하는 것은 목적지까지 편안하게 모셔야 하는 직업의 본분을 잘 이해한 데서 나오는 진심 어린 환영 인사다.

날씨, 기체 결함 등으로 연착됐을 때 승무원에게 "도대체 언제쯤 출발할 수 있는 거냐?"며 따져 묻는 승객의 태도나 말투가 고울 리 없지만 그래도 정중하게 응대할 수 있는 것은 출발 지연으로 인해 다음 여행 일정에 큰 차질이 생기는 안타까운 사정에 공감하는 마음 때문이다.

혼자 여행하는 어린이, 몸이 불편해 휠체어를 타고 들어온 승객, 노약자 등의 핸디캡 승객들의 경우 화장실에 가거나 짐을 보관하거나 비행기에 타고 내릴 때 승무원이 일대일로 세심하게 도와야 하는데, 이것도 상대방을 배려하는 마음 없이는 하기 힘든 일들이다.

거의 모든 승객들이 잠든 야간비행이나 10시간이 넘는 장시간의 비행에도 승무원들은 비행이 끝날 때까지 머리카락 하나 흐트러지지 않고 졸린 기색 없이 기내 서비스를 완수한다. 이것을 가능하게 하는 것은 '정신력'이라고 해도 과언이 아니다.

이 모든 것을 함축한 승무원에게 필요한 정신력을 일컫는 가장 적합한 말은 단연 '외유내강(外柔內剛)'이라고 자신 있게 말할 수 있다. 겉으로는 부드럽고 순하게 보이나 속은 곧고 굳센 모습이야말로 승무원에게 가장 필요한 스피릿이다.

대부분 첫 사회생활을 시작하는 승무원 준비생들은 집에서 곱게 자라 대학을 막 졸업한 나이에 승무원을 지원하게 된다. 이들에게 산전수전 공중전을 다 겪은 기성 승무원의 외유내강을 바랄 수는 없겠지만, 직업에 임하는 자세만큼은 비굴하거나 무조건 인내하기를 바라지는 않는다. 면접관들은 지원자가 겉으로는 부드럽지만 속은 강단 있는 모습으로 비행 생활에 대한 각오를 안고 오길 바란다.

좋은 첫인상을 만들어주는 아이 콘택트

눈은 제2의 입

커뮤니케이션의 어원은 라틴어 'communis'에서 유래했는데, 이 단어는 '함께 나누다, 공유하다'라는 뜻이다. 커뮤니케이션은 그 뜻에서 짐작하듯 단순한 전달 행위가 아니라 공감을 만드는 과정이며, 말하는 이와 듣는 이가 메시지를 주고받는다는 의미다.

면접의 과정을 통과해 새로운 직업의 세계에 들어가는 것은 새로운 만남의 연속이며 그 과정에서 커뮤니케이션은 필수적인 요소다. 성공적인 커뮤니케이션을 위해서는 말과 같은 언어적 요소뿐만 아니라 비언어적 요소도 중요하다. 그중 하나가 바로 아이 콘택트(Eye Contact)다.

면접장에 들어서면 곧바로 지원자는 면접관의 시선을 받게 된다. 다른 지원자들과 함께 입장하여 걸어 들어가 열을 세워 바른 자세로 서면 질문이 시작된다. 여기서 면접관과 지원자 사이에 제일 먼저 오가는 커뮤니케이션이 아이 콘택트다. 사실상 여기서 첫인상이 결정되는데, 이때 수줍음이나 어색함 때문에 시선을 피하거나 눈을 못 마주치는 지원자가 있다면 첫인상이 불안해 보이고 그 사람에 대한 신뢰감이 떨어진다. 이렇게 첫인상이 망가지면 아무리 질문에 대해 대답을 잘 한다고 하더라도 긍정적인 평가를 받기 어렵다.

1989년 미국의 심리학자 캘러먼(Kellerman)과 루이스(Lewis), 레어드(Laird)는 생면부지의 서로 모르는 남녀 48명을 모집해 특별한 실험을 실시했다. 남녀 서로 한 쌍을 이루도록 하여 한 그룹에게는 별도의 지시를 하지 않고, 또 다른 그룹에게는 2분간 상대방의 눈을 바라볼 것을 주문했다. 잠시 후 특별한 지시가 없었던 그룹에 비해, 상대방의 눈을 바라보도록 지시를 받은 그룹의 남녀는 모두 서로에 대한 호감도가 상승했다. 실험에 참가한 사람들은 "가까이서 보니 그녀의 눈이 참 예쁘다", "눈을 마주치고 있으나 나도 모르게 설렌다" 등의 반응을 보였다.

다른 사람과 눈이 마주칠 때 뇌에서는 쾌감중추가 더 자극받아 쾌락과 행복에 관련된 감정을 느끼게 해주는 뇌 전달물질인 도파민이 분비되는 수치가 높아졌다. 아이 콘택트를 한다는 것은 서로에 대한 공감과 호감을 이끌어내는 사회적 상호작용의 시작이라고 할 수 있다.

한국인은 왜 아이 콘택트에 서툴까

외국인들의 눈에 비춰진 한국인들의 특징 중 하나는 대화할 때 눈을 잘 안 마주친다는 것이다. 항공사 서비스 평가조사에서는 외국인 승객들이 한국인 승무원들은 부끄럼을 많이 탄다는 평가를 하기도 했다. 한국인들은 인사를 하거나 악수를 하거나 건배를 할 때 자동으로 머리를 숙이거나 허리를 굽힌다. 그러는 사이 시선이 아래를 향함으로써 눈맞춤을 피해버린다.

눈을 맞추지 않는 태도는 어릴 때부터 윗사람과 눈을 맞추는 것을 당돌하고 무례하다고 여기는 한국의 사회적 문화와 관련이 깊다. 아이들은 어린이집에 다니면서부터 '배꼽인사'라고 하는 공수자세의 인사법을 가장 먼저 배운다. 또한 수직적 관계의 충효사상이 강한 유교적 관습 탓에 눈을 내리깔고 고개를 숙여 자세를 낮추는 것이 상대를 높이고 공손함을 표시하는 예절의 덕목이라고 교육을 받으며 자랐다.

학교에서는 선생님에게, 직장에선 상사에게, 업무를 할 때는 고

아이 콘택트의 잘못된 예와 잘된 예. 고개를 똑바로 들고 상대방과 아이 콘택트를 하는 것이 좋은 악수다.

객에게 항상 자신을 낮추고 상대를 높이도록 가르치다 보니 의사소통이나 공감을 위해 눈맞춤을 해야 하는 순간에도 우리는 시선을 피하는 자세를 취하게 된다. 우리는 모르는 사람과 눈이 마주치는 것도 참으로 어색하다. 지하철이나 엘리베이터를 타면 외국인들은 자연스럽게 짧은 인사를 주고 받지만 우리는 시선을 피하며 딴청을 피운다. 요즘은 휴대폰을 들여다보면 되므로 시선을 피할 아주 좋은 대안이 생겼다. 하지만 이것은 글로벌 매너에도 어긋나며 공손함이 지나쳐 비굴해 보이거나 외국인에게는 오히려 자신을 피하거나 진실성이 없다는 오해를 사서 결례를 범하게 되는 경우도 있다.

스피치 학원이나 승무원 준비학원에서는 눈맞춤의 기술을 가르치기 위해 눈맞춤을 연습하기도 하고, 눈을 보기 어려우면 미간이나 인중에 삼각형을 그리고 시선을 고정하라는 방법까지 등장했다. 자연스러운 아이 콘택트를 완성하기 위한 훈련의 한 방법이 될 수는 있지만, 아이 콘택트의 진정한 의미는 초점 없는 응시가 아니다.

아이 콘택트는 말로 대화를 하듯 서로 의사 표현을 하고 상대방의 말을 듣고 있다는 공감의 표현으로 대화를 원활하게 이끌어주는 것이다. 더 나아가 상대방에게 좋은 인상을 남기고 자신감 있는 사람으로 보여 말의 설득력을 높이는 효과도 있다. 이러한 커뮤니케이션에서 '서로를 이어주는 연결고리'라는 아이 콘택트의 진정한 의미를 잘 이해한다면 대화에서 상대방의 말에 귀를 기울이는 것 못지않게 눈도 상대방을 향하게 된다.

첫인상이 좋으면 비행 내내 편안하다

비행을 시작하기에 앞서 출발 시간 2시간 전에 모든 승무원들은 회사의 브리핑실에 모여 그날의 비행 정보를 공유하고 서로의 준비 상태를 점검한다. 이 회의를 '캐빈 브리핑(Cabin Briefing)'이라고 하는데, 브리핑이 끝날 무렵 사무장이나 최고 시니어(Senior) 승무원이 그날 비행에서 가장 중요하게 생각하는 당부의 말로 마무리하는 경우가 있다. 그때 단골 소재로 나오는 말이 '보딩(Boarding, 승객이 항공기에 탑승하는 시점)의 중요성'이다.

"비행을 오래 해보니 그날 비행의 성공을 결정짓는 것은 손님이 비행기에 탑승하는 그 순간에 결정된다는 사실을 알게 되었어요. 보딩할 때 손님 한 분 한 분에게 아이 콘택트를 하며 환하게 인사를 건네고 반갑게 맞이한 경우에는 비행 중에 혹시 그 손님이 불편한 일을 겪거나 컴플레인(Complaint, 불만 제기)을 하더라도 쉽게 해결되는 경우가 많았습니다. 여행의 첫 순간을 기분 좋게 시작할 수 있도록 보딩에 최선을 다합시다."

비행의 유경험자로서 정말 맞는 말이다. 기내에서 발생하는 컴플레인의 대부분은 감정에 의한 것이고, 손님의 입장에서는 항공 여행을 많이 해본 사람이라고 해도 때마다 가는 노선이 다르고 항공기 기종과 자리 배치가 바뀌기 때문에 낯선 환경에 와있는 것이다. 비행기라는 낯선 공간에 설레는 마음으로 들어오는 손님에게 환하게 웃으면서 아이 콘택트를 하는 것은 좋은 첫인상을 남기고 사람을 기분 좋게 만들어 비행의 만족도도 높여준다. 당연히 승무원의 서비스에도 좋은 평가를 남기고, 혹시 불편한 점이 있어 컴플레인을 하더라도 이미 첫 만남에서 유지된 친밀감으로 금방 풀리거나 잘 해결되는 경우가 대부분이었다.

미국 전 대통령 버락 오바마의 애독서로 알려진 《자기 신뢰》를 쓴 미국의 사상가이자 시인 랄프 왈도 에머슨(Ralph Waldo Emerson)은 이런 말을 남겼다.

"사람의 눈은 혀만큼이나 많은 말을 한다. 게다가 눈으로 하는 말은 사전 없이도 전 세계 누구나 이해할 수 있다."

훌륭한 자질을 가진 승무원이 되고 싶다면 오늘부터 하루에 마주치는 모든 사람들과 눈을 마주치며 반갑게 인사를 하자. 대화를 할 때는 눈을 바라보고 가끔 고개를 끄덕이며 부드러운 미소를 더하면 자연스러운 아이 콘택트를 저절로 익힐 수 있다.

상대방의 얼굴에도 미소를 번지게 만드는 힘

스마일 바이러스

항공사에서 승무원을 채용할 때 가장 먼저 보는 것은 두말할 것도 없이 웃는 얼굴이다. 즉 '미소' 띤 얼굴이다. 아무리 뛰어난 외모와 실력을 갖췄다 하더라도 얼굴에 미소를 띠지 않는 지원자는 면접의 첫 관문조차 통과할 수 없다. 첫인상이 그 사람을 만난 지 3초 만에 결정된다는 '초두효과'나, 처음 본 인상이 콘크리트처럼 굳어버린다는 '콘크리트 효과' 같은 심리학 용어를 굳이 인용하지 않아도 미소는 상대방의 마음을 편안하고 기분 좋게 한다.

미소를 지으면 왜 상대방의 기분은 좋아질까? 과학적으로도 증명된 바가 있는데, 바로 우리 뇌 속에 있는 '거울 뉴런(Mirror Neurons)'

이라는 신경전달물질 때문이다. 1996년 이탈리아의 신경심리학자 리촐라티(G. Rizzolatti) 교수의 연구팀은 타인의 행동을 거울처럼 반영하는 신경 네트워크인 거울 뉴런이 존재한다는 것을 발견했다. 거울 뉴런은 단순한 행동만 모방하는 것이 아니라, 타인의 감정에 공감하며 타인의 마음을 읽는 능력에도 관여한다. 이 때문에 하품이 전염되거나 슬픈 영화를 보면서 눈물을 흘리며 같이 슬퍼지는 것이다.

비행기에서 이착륙할 때는 승무원도 승객도 모두 좌석에 앉아 벨트를 매야 한다. 이때 승무원의 자리는 비행기 탈출구 옆에 점프시트(Jump Seat)라는 접이식 의자인데 가끔 승객과 마주 보고 앉아 서로 어색한 경우가 있다. 그때 활짝 미소를 지어 보이면 십중팔구 맞은편 승객도 따라 미소로 화답한다. 이 순간 마치 눈싸움에 이긴 사람처럼 미소선빵을 날려서 성공한 터라 더욱 기분이 좋아진다.

CS교육 분야에서는 일찍이 이 현상을 '스마일 바이러스'라고 명명했다. 내가 먼저 미소를 지으면 상대방도 무의식적으로 미소를 따라 하게 되며, 기분도 덩달아 좋아지는 스마일 바이러스가 점점 퍼져나간다는 것이다.

부침이 심한 항공업계에서 1973년부터 현재까지 46년 연속 흑자 행진이라는 전무후무한 기록을 보유하고 있는 항공사가 있다. 혁신적인 'Fun 경영'으로 잘 알려진 미국의 사우스웨스트 항공이다. 오일쇼크와 9.11테러와 같은 사상 초유의 사태를 맞아 거의 모든 미국 항공사들이 파산과 합병의 아픔을 겪는 와중에도 유일하게 꾸준히 성장해왔다. 사우스웨스트 항공의 공동창업자이자 CEO였던 허브 캘러허(Herb Kelleher)는 사람은 낯선 사람을 대할 때 더 친절한 사람을 기억하려고 하고, 미소 짓는 사람들에게 더 끌린다는 심리적 특성을 간파했다. 그는 사람을 만날 때마다 상대방과 깊은 교감을 위해 먼저 미소를 지으며 악수를 하거나 포옹을 하며 자주 웃고 칭찬을 아끼지 않았다고 한다. 그는 스마일 바이러스의 효과를 가장 잘 이해하고 본인 스스로도 실천하며 경영에도 적극 이용해 성공할 수 있었다.

진짜 미소 vs 가짜 미소

항공사는 결혼 적령기의 여자들이 많은 직장이다 보니 결혼식에 갈 일이 많다. 결혼식이 끝나고 신랑 신부의 친구들 기념촬영 시간이 되면 사진작가가 매번 하는 소리가 있다. "신부 친구들은 아주 표정이 좋아요. 그런데 신랑 친구들은 다들 화난 것 같아요. 신랑 친구분들도 좀 웃어주세요." 아무래도 신부 친구들 대부분이 승무원들이어서 미소만큼은 사진작가 마음에도 쏙 들은 것 같다.

나는 승무원이 되기 전에는 이런 신랑 친구들처럼 화났냐는 소리를 무척이나 많이 들었다. 무뚝뚝하기로 유명한 경상도 출신이라는 지역색 때문이기도 했고, 어릴 적 목욕탕에서 넘어져 이가 부러지면서 앞니 한쪽이 조금 돌출된 탓에 치아 콤플렉스가 있어서 환하게 웃지 못했다.

주변에서 웃겨서 하는 수 없이 웃을 때만 빼고, 가만히 있을 때는 사람들이 내가 화나 보인다고 했다. 내가 뭐 콧바람을 몰아쉬며 씩씩거린 것도 아니고 그냥 가만히 있었을 뿐인데 왜 자꾸 기분이 안 좋으냐고 묻는지 그때는 이해할 수 없었다. 이제는 어딜 가나 생글생글 웃고 항상 밝은 얼굴이라는 말을 듣는 지금은 그 차이를 알게 되었다. 그 비밀은 바로 '눈'과 '입꼬리'에 있었다.

미국의 정서심리학자 폴 에크만(Paul Ekman)은 미소에 대한 연구를 진행했다. 연구를 통해 사람은 얼굴에 있는 42개의 근육을 다양하게 조합해 19종류의 미소를 만들어낼 수 있다는 것을 밝혀냈다. 그런데 놀라운 것은 이 19개의 미소 중에서 딱 한 가지만 진짜 마음을 담아 웃는 것이고 나머지 18개는 감정 없이 웃는 가짜 미소라는 것이다.

사람들이 주로 입 주위의 근육을 웃을 때 사용하지만 진짜 웃음에서는 눈 가장자리 근육인 안륜근(눈꺼풀 속에 있는 고리 모양의 힘살)을 사용한다는 것을 연구 결과 밝혀냈다. 다시 말해, 눈가에 까치발 같은 자글자글한 주름이 잡히면서 웃어야 진짜 미소라는 것이다. 그래서 미소를 나타내는 이모티콘이 입 모양인 'U' 같은 것이 아니라 눈웃음을 형상화한 '^^'인 것 같다.

안륜근은 인위적으로는 거의 움직일 수 없는 근육이다. 이 사실을 처음 알아낸 19세기 프랑스의 신경심리학자인 기욤 뒤센(Guillaume Duchenne)의 이름을 따 진짜 기쁨과 행복으로부터 우러난 미소를 '뒤센 미소(Duchenne Smile)'라고 한다.

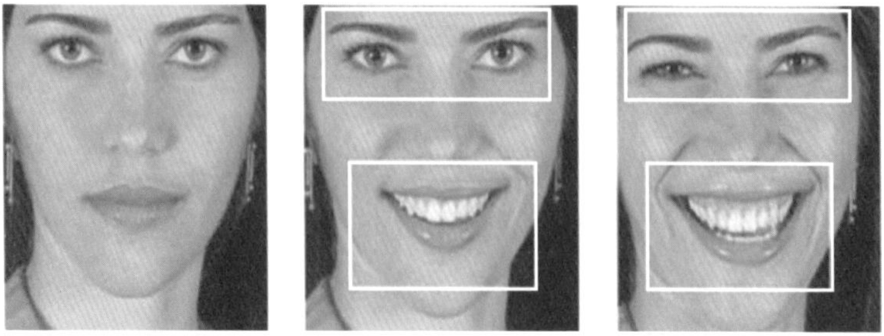

이 사진을 보면 진짜 미소와 가짜 미소의 차이를 알 수 있다.

이와는 반대로 눈 근육은 거의 움직이지 않고 입꼬리만 위로 올라간 미소는 '팬암 미소(Pan-Am Smile)'라고 부른다. 영화 〈캐치 미 이프 유 캔(2002)〉에서도 나온 한때 세계 최대항공사였던 팬 아메리카 월드 항공(Pan American World Airways, 줄여서 '팬암'이라 부른다) 승무원들의 접대용 미소에서 나온 말이다. 승무원들이 서비스하면서 친절하게 보이고자 입가만 살짝 들어올리고 웃는다고 해서 그렇게 이름 지어졌다. 웃고는 있지만 진심이 담겨있지 않다면 미소를 짓는 사람도 또 그것을 마주하는 사람에게도 감동을 주지는 못할 것이다.

미소 훈련

내가 미소를 완전히 자연스럽게 익히기까지 정말 많은 연습이 필요했다. 천성이 밝고 평상시에도 항상 웃고 있는 인상을 가진 사람들도 있겠지만, 나는 부단한 노력으로 인상을 바꿨다. 사실 승무원 세계에서 살아남기 위해 어쩔 수 없는 선택이었다.

입사 전 면접 준비할 때는 물론 입사 후에도 볼펜을 입에 문 채 입을 다물지 않고 몇 시간을 거울을 보고 훈련하기도 했고, 가방에도 항상 손거울을 들고 다니면서 수시로 표정을 점검했다. 미스코리아처럼 치아 8개 이상이 보이도록 웃으면서 몇 시간을 연습하다 보면 1단계 부작용으로 얼굴 근육에 경련이 온다. 자연스럽기는커녕 안면 근육이 덜덜 떨리며 차마 보기 안쓰러운 얼굴로 변한다. 하지만 그것은 고작 1단계일 뿐이다.

2단계로 들어서면 입을 다물지 않고 미소를 지어야 하므로 침까지 질질 흘러나온다. 평소에 쓰지 않던 근육을 움직이는 훈련이므로 그 단계도 극복해야 드디어 마음을 담는다는 눈웃음의 경지에 이를 수 있다.

3단계인 눈웃음의 문제점은 눈이 작아져 어색해 보이고 내 마음에 안 든다는 것이다. 보통 셀카를 찍을 때는 입꼬리는 살짝 올려도 눈은 크게 떠야 예쁘다. 하지만 팬암 스마일이 아닌 뒤센 미소는 눈웃음을 담은 진짜 미소여야 완성된다. 얼굴이 망가지는 것을 감수하고라도 더 크게 활짝 웃어야 한다. 그렇게 계속 반복하다 보면 어느새 내 얼굴의 근육이 말랑말랑해져서 상대방에게 좋은 인상을 준다. 나아가 상대방의 얼굴에도 미소를 번지게 만드는 상위 1% 승무원의 표정이 된다.

사소하지만 강력한 마법의 대화법

말하는 자세와 대화법부터 익혀라

항공사는 직무 특성상 승무원을 뽑을 때 면접 점수의 반영 비중이 높다. 항공서비스학과에서도 다른 학과의 입시전형과 비교해봤을 때 면접 점수의 반영 비중이 높게 차지한다. 결국 항공사 승무원이 되기 위해서는 면접의 관문을 통과해야 하는 것이다.

면접의 주요 평가는 말로 드러나는 그 사람의 품성에 좌우된다. 이때 대답의 내용도 물론 중요하겠지만 말투와 대화법에서 드러나는 그 사람의 품성도 평가 대상이다. 지원자들은 면접에 앞서 예상 질문을 뽑아보고 그에 맞는 모범답안을 찾기 위해 고액의 컨설팅이나 과외를 받기도 한다.

《말의 품격》(황소북스, 2017)의 저자인 이기주는 책에서 이렇게 말했다.

"격과 수준을 의미하는 한자 품(品) 자의 구조를 뜯어보면 흥미롭다. 입 구(口) 자가 세 개 모여 이루어졌음을 알 수 있다. 말이 쌓이고 쌓여 한 사람의 품성이 된다는 뜻이다. (중략) 사물은 형체가 굽으면 그림자가 굽고 형체가 곧으면 그림자도 바르다. 말도 매한가지다. 말은 마음을 담아낸다. 말은 마음의 소리로 말과 글에는 사람의 됨됨이가 서려있다."

말투나 대화법에 문제가 있으면 아무리 기발하고 독창적인 대답이라 하더라도 승무원에 적합하다는 인상을 주기 어렵다. 면접을 준비할 때는 말투나 대화법을 먼저 다듬는 데 훨씬 많은 시간을 투자해야 한다. 답변 내용은 단시간에 금방 바꿀 수 있지만, 잘못된 말버릇이나 좋은 대화법을 갖추는 데는 많은 훈련 시간과 노력이 필요하기 때문이다. 훌륭한 말투와 목소리, 대화법을 갖게 되면 같은 답변도 더욱 신뢰감을 주어 호감도를 높일 수 있다.

면접을 볼 때 가장 안타까운 경우는 미리 외워온 대답을 토씨 하나 안 틀리게 말하려고 하다가 어느 한순간 말문이 막힌 지원자다. 지원자는 당황한 나머지 머릿속이 하얘져 쩔쩔매면서 말하게 되고 이때 온갖 나쁜 습관이 다 드러나서 감점 요소가 된다. 대답의 내용보다는 먼저 말할 때의 자세와 대화법이 더 중요하다는 사실을 알지 못하고 완벽하고자 하는 의욕이 앞서 더 큰 실수로 이어진 경우다.

승무원의 말투 교정 3단계

어떤 말투와 대화법을 갖춰야 하며, 어떤 노력을 해야 할까? 먼저 말투에서는 목소리와 억양이 주는 안정감이 중요하다. 우리는 가장 신뢰감 있게 말한다고 생각하는 사람으로 흔히 아나운서를 떠올린다. 텔레비전을 보면서 아나운서는 타고난 것이 아니라는 생각이 드는 이유는 거의 모든 아나운서의 말투가 비슷하다는 점 때문이다. 노래를 부르는 가수의 목소리는 저마다 확연히 다르게 들리는 반면, 뉴스를 진행하는 아나운서의 목소리는 어느 채널이나 어느 시간에 들어도 소리만 언뜻 들으면 비슷비슷하다. 프로그램을 진행하는 아나운서의 말투도 크게 다르지 않다.

우리는 아나운서의 신뢰감을 주는 목소리와 세련된 말투는 훈련에 의해 후천적으로 얻어진 것임을 알 수 있다. 그러므로 아나운서의 발성법과 말하기 훈련을 따라 하면 면접뿐만 아니라 승무원의 직업을 갖는 데 아주 큰 도움이 된다.

먼저 말투를 바꾸는 훈련의 3단계는 복식호흡, 발성 연습, 발음 연습이다.

1단계: 복식호흡

우리가 무의식적으로 하고 있는 호흡은 대부분 들이마실 때 가슴이 부풀어오르고 배가 쑥 들어가며 숨을 내쉬면 배가 앞으로 툭 튀어나오는 흉식 호흡이다. 흉식 호흡은 가슴에서 얕게 하는 호흡이기 때문에 들이마시는 공기의 양이 적다. 목과 어깨에 힘이 들어가 목소리는 탁하고 목을 쉽게 상하게 한다. 그렇기 때문에 소리가 깊고 풍부하지 못하게 된다.

반대로 복식호흡은 반대로 숨을 들이마실 때 배가 앞으로 볼록하게 나오고 숨을 내뱉을 때는 배가 홀쭉하게 들어가는 호흡법이다. 먼저 가슴을 넓게 펴고 어깨와 목의 긴장을 이완시킨 다음 눈을 감고 호흡과 배에 집중해서 숨을 들이마시고 내쉰다. 이때 배를 풍선이라 생각하고 숨을 천천히 들이마실 때 배가 부풀어 오르고 내쉴 때는 풍선의 바람이 빠지는 것처럼 배가 홀쭉해지는 것을 느끼며 반복해서 연습한다.

2단계: 발성 연습

두 번째 단계인 발성 연습은 먼저 자세를 바르게 하고 정면을 보면서 입을 크게 벌린다. 다음은 목의 아치를 넓히고 연구개(입천장 뒤쪽의 연한 부분)를 올려 입안의 공간을 크게 만드는 것이다. 실제로는 우선 거울을 보고 하품을 '하~' 하고 해본다. 그러면 입안의 공간이 넓어지는 것을 관찰할 수 있다. 그 상태에서 '아~~~' 소리를 내는 연습을 한다. 이 단계가 익숙해지면 1단계인 복식호흡과 결합해 입안의 아치를 넓히고 배에 힘을 주면서 '아, 에, 이, 오, 우'를 짧게 끊어 힘 있게 발성하는 스타카토 발성을 연습한다.

3단계: 발음 연습

기본 모음에 자음을 넣어 한 글자 한 글자 또박또박 읽는 연습으로 발음을 연습하기 시작한다. 외국어를 배울 때 알파벳 하나하나를 정확하게 읽는 것으로 시작하듯이 발음 연습도 기초공사가 튼튼해야 한다. 그런 다음 '빛은'은 [비츤]으로 발음하는 '연음법칙'이나 '끝을'은 [끄츨]이 아닌 [끄틀]으로 발음하는 '구개음화' 등 발음이 헷갈리기 쉬운 단어들에 대한 정확한 발음을 익힌다. 개인적으로 조금 예민하게 들리는 단어는 6월이다. [유월]이 아닌 [육월]로 말하는 사람을 만나면 발음이 거슬려서 고쳐주고 싶다. 맞춤법을 틀리게 쓰는 사람이 똑똑해 보이지 않듯이 발음이 부정확한 사람도 말의 진실성이나 신뢰감을 심어주기 어렵다.

경험상 이렇게 3단계의 말투 교정 훈련을 하면 발음뿐 아니라 소리를 내는 방식까지 달라지므로 목소리도 저절로 좋아지는 효과를 얻을 수 있었다.

승무원의 대화법

다음은 승무원의 대화법이다. 대화법은 조금만 신경 쓰면 크게 달라질 수 있다. 좋은 대화법의 기본은 좋은 말을 하는 것보다 나쁜 말을 하지 않는 것이다. 나쁜 말이라는 것은 내 입장이 아니라 상대방이 들었을 때 기분이 상할 것 같은 말이다. 반말이나 거친 말은 물론이고 칭찬을 할 때도 상대방의 입장에서 생각했을 때 불편한 말들을 걸러내는 것이 좋은 대화법이다. 이것은 상대방에 대한 진심과 배려심에서 나온다.

칭찬의 의미로 "젊어 보이십니다"라고 하면 분명 칭찬인데 요즘처럼 수명의 급속한 연장으로 노인의 기준이 명확하지 않은 시대에 상대방으로 하여금 '내가 늙었나'라는 생각을 들게 할 수도 있다. 실제로 회사의 임원에게 젊어 보인다고 했다가 "나 아직 젊어~"라고 핀잔을 들은 직원도 있다. '젊어 보인다'보다는 '활력이 넘친다'라고 말하면 같은 의미지만 훨씬 오해 없이 긍정적인 효과를 볼 수 있다.

또한 영미권에서 아주 어릴 적부터 가정이나 유치원에서 배우는 '매직 워드(Magic Word)'가 있다. 'Please', 'Thank you'와 같은 말인데 정중한 말과 매너를 담은 말을 통해 아이가 품위 있는 어른으로 성장할 수 있도록 생활에서 늘 습관화하도록 가르친다. 상대방을 존중하는 말에서 스스로도 존중받을 가치가 있는 독립된 인격체로 인식하도록 교육하는 것이다.

이러한 문화는 애니메이션 〈겨울왕국〉에서도 엿볼 수 있다. 남자 주인공 크리스토프가 자신이 기르는 순록인 스벤에게 당근을 주면서 마치 어린아이에게 '매직 워드'를 가르치듯이 말하는 장면이 나온다.

스벤: Give me a snack. (간식 좀 줘.)

크리스토프: What's the magic word? (매직 워드를 말해야지.)

스벤: Please! (주세요!)

항공사에 처음 입사해 승무원 신입 교육을 받을 때 배웠던 첫 대화법도 매직 워드에 관한 것이었다. 서비스 언어에서 매직 워드의 의미는 신비한 힘을 가진 표현, 즉 타인을 배려하는 사소하지만 강력한 힘을 갖는 표현이다.

말을 시작하기에 앞서, "실례합니다만", "죄송합니다만"을 넣어 "실례합니다만, 뒷자리에 앉은 손님이 식사하는 동안에는 등받이를 세워주시겠습니까?" 혹은 "죄송합니다만, 오늘 준비한 두 가지의 기내식 메뉴 중 한식이 다 소진되었습니다"라고 말하는 것이다. 지시나 요구사항을 전달할 때도 매직 워드를 넣으면 명령조로 들리지 않고 훨씬 상냥하게 느껴져 감정의 완충작용을 할 수 있으므로 다른 말로는 '쿠션 언어'라고 부르기도 한다.

언어는 그 사람의 인격과 품성을 반영한다. 면접의 기술은 어찌 보면 시험 전날 밤을 새워 달달 외워도 시험이 끝나면 까맣게 잊어버리는 벼락치기와 같다. 면접은 그런 얄팍한 기술을 평가하는 자리가 아니다. 면접관들이 짧은 순간이지만 지원자가 승무원이라는 직업에 적합한 인격과 품성을 갖췄는지 들여다보기 위해 부단히 애쓰는 자리가 바로 면접이다.

품위 있는 언어로 사람을 대하는 것은 상대를 높이기도 하지만 자기 자신도 높이 평가된다. 말은 마음의 거울이기 때문이다. 상위 1% 승무원을 목표로 준비하려면 말의 품격을 먼저 갖춰야 한다.

유쾌함을 전파시키는 긍정심리자본

승무원의 직업병

승무원에게는 여러 가지 직업병이 있지만, 그중 하나는 어색한 분위기를 참지 못한다는 것이다. 둘 이상의 사람이 모이면 서로 대화를 하지 않는 적막함이 어색해서 견딜 수 없다. 친한 동료와 파리 비행을 간 적이 있다. 현지에 체류하는 동안 가이드와 함께 부르고뉴로 와이너리(Winery) 관광을 떠났는데, 투어 가이드가 말수가 적은 편이어서 파리에서 차로 4시간 거리의 부르고뉴까지 차를 타고 가는 동안 대화가 끊기고 적막이 흘렀다. 그러자 그 어색함의 공백을 참지 못하고 동료는 재잘재잘 계속해서 이야기를 이어나갔다. 나는 누가 손님이고 누가 가이드인지 헷갈리는 이 상황이 적잖이 우스웠다. 그렇지만 비행기라는 작은 공간에서 근무하며 항상 승객과 동료 간의 커뮤니케이션을 강조하다 보니 이것도 하나의 직업병이라는 생각을 했다.

이런 수다스러움은 다른 장점도 있다. 업무적인 것이든 업무 외적인 것이든 간에 서로 대화를 하다 보면 분위기가 좋아진다. 우울하면 말수가 줄고 무기력해지는 것과 반대로, 말이 늘어나다 보니 저절로 성격도 밝아지는 것 같다. 직업상 승무원이 주변에 많기도 하지만 승무원들과 지내다 보면 참 '밝다', '해맑다'라는 느낌을 받는다.

승무원의 긍정심리자본

승무원들의 이러한 밝고 긍정적인 성향은 개인이 발전을 추구하는 긍정적 심리상태(Positive Psychological State)를 의미하는 '긍정심리자본(Psychological Capital)'이라는 개념과도 연관이 있다.

긍정심리자본은 네브래스카경영대학 석좌교수인 프레드 루선스(Fred Luthans)에 의해 2000년대 초 등장한 개념이다. 그의 저서인 《긍정심리자본》(럭스미디어, 2012)에 따르면, 긍정심리자본은 내가 소유하고 있는 것(인적 자본)과 내가 알고 있는 사람들(사회적 자본)의 가치를 넘어서 '자신이 실현할 수 있는 최대한의 잠재력'을 일깨워준다고 한다. 긍정심리자본은 우리가 일상에서 겪는 난관과 좌절, 역경 등을 헤쳐나갈 수 있는 새로운 방향을 제시하는 것이다.

구체적으로는 자기효능감(Self-Efficacy), 낙관주의(Optimism), 희망

(Hope), 회복탄력성(Resiliency)이라는 네 가지의 하위개념이 있다.

자기효능감

먼저 자기효능감은 자신에게 주어진 업무를 성공적으로 수행할 수 있다는 자신의 능력에 대한 믿음을 말한다. 이러한 믿음과 판단은 과거의 경험과 평가를 통해 축적되고, 자기효능감이 높은 사람은 높은 목표를 세워 높은 성과를 이룬다. 어려운 상황일 때 자기효능감이 낮은 사람은 포기하거나 노력을 중단하는 반면, 자기효능감이 높은 사람은 더욱 열심히 노력하는 경향이 있다.

낙관주의

낙관주의란 자신이 겪는 실패는 일시적인 것이며, 역경에 맞서서 견디며 극복할 수 있다는 믿음을 뜻한다. 낙관주의는 스트레스가 많은 상황을 다양한 대처 전략을 사용해서 극복하게 만들고, 사람을 신체적으로나 심리적으로 건강하게 만든다. 따라서 낙관주의 성향이 높은 승무원은 자신과 조직이 잘 맞지 않거나 담당 업무가 잘 맞지 않더라도 안 좋은 상황에서 스트레스를 받기보다는 그것을 도전적으로 받아들여 조직 및 업무에 부합하기 위해 더 많이 노력한다.

희망

희망은 계획들이 성공적으로 이루어지게 될 것이며, 이를 통해 목표가 성취될 것이라는 믿음을 바탕으로 목표를 추구하고자 하는 의지와 긍정적인 동기가 부여된 상태다. 따라서 희망이란 '현실에 근거를 둔 미래의 목표 달성에 대한 긍정적 기대이며, 개인으로 하여금 어려움을 극복할 수 있도록 동기를 부여하는 강한 내면적인 힘'으로 볼 수 있다.

회복탄력성

회복탄력성이란 '역경을 이겨내고 그 과정을 통해 더 높은 자신감을 갖게 되며, 위기에 능동적으로 대처하여 자기 스스로 성장해가는 적극적 과정'이라고 할 수 있다. 회복탄력성이 강한 사람은 목표 달성 과정에서 봉착하게 되는 위기 상황과 부정적인 상황에서도 긍정적인 심리적 원동력을 잃지 않거나 조기에 회복하여 삶의 의미와 가치를 발견한다.

승무원은 '긍정심리부자'다

승무원은 분명 체력적으로 힘들 때가 많다. 낮과 밤이 자주 바뀌고 시차가 변하는 환경에서 근무하는 승무원들은 생체리듬이 깨지게 된다. 게다가 지상보다 낮은 기내 기압과 건조한 실내 공기를 견디면서 비행기 이곳저곳을 오가며 서비스를 끝내면 도착할 때쯤 발이 퉁퉁 부어있기 마련이다. 거기에 상공 몇만 피트 위에서 일하다 보니 크고 작은 안전사고가 일어나지 않도록 항상 긴장하게 되고, 승객들을 돌보는 일까지 다 하다 보면 정신적으로나 육체적으로 힘들고 지칠 때가 많다.

하지만 비행을 끝마칠 때마다 "수고하셨습니다"라고 외치면서 서로를 격려하는 순간에는 모든 피로가 달아나는 듯 개운한 기분이 든다. 덕분에 성공적으로 일을 잘 끝냈다며 서로에게 박수치는 동료들을 통해 자기효능감이 점점 높아지고 다음에는 더 잘 해낼 수 있다는 자신감이 생겨난다.

비행 업무는 사무실처럼 정해진 팀원끼리만 근무를 할 수 있는 것이 아니다. 비행기 기종과 인원에 따라 그때그때 배치되는 승무원이 다르므로 누구를 만나든 원만한 팀워크를 이뤄야 한다. 그렇기 때문에 승무원 간에 성향이 맞지 않거나 승객과 마찰이 있어도 더 적극적으로 해결하려는 낙관주의를 배울 수 있게 된다.

직장에서의 일과가 다람쥐 쳇바퀴 돌 듯 지루하게 느껴질 때가 있듯이 승무원의 스케줄도 일정한 패턴이 반복된다. 지루한 패턴에 매몰되지 않고 체류지에 따라 다양한 활동 계획을 세우거나 한국에서 쉬는 며칠을 활용해 운동, 외국어, 취미생활 등 자기계발을 하는 승무원들이 많다. 이렇듯 각자의 목표를 찾아 열심인 모습을 보면, 부지런하게 긍정적인 동기를 부여하는 점도 승무원들이 가진 덕목 중의 하나라고 말할 수 있다.

승무원들은 말이 많으면서도 한편으로 다른 사람의 말을 잘 들어줘야 하는 직업이다. 손님의 요구사항이나 불만 사항도 끝까지 잘 들어줘야 하고, 모든 승무원들이 비행기 전반에 관한 일에 서로 협력하기 때문에 정보도 철저히 공유해야 한다. 그러다 보니 승무원들 간의 대화도 잘 들어야 한다. 비행 업무를 하는 동안 긴장한 만큼 승무원들은 비행이 끝나면 재충전도 슬기롭게 잘한다. 재충전을 잘해야 다시 비행을 할 수 있기 때문에 저마다 재충전 방법을 개발하기 마련이다. 그런 점에서 회복탄력성이 좋다. 재충전을 통해 비행으로 인한 육체적 정신적 피로를 해소하고 다음 비행을 위한 최상의 컨디션을 만드는 것이다.

자기효능감, 낙관주의, 희망, 회복탄력성과 같은 긍정심리자본은 승무원으로 살면서 차곡차곡 나의 자본으로 적립되어 금쪽같은 자산이 되었다. 그동안 힘든 일도 어려움도 많았지만, 오랫동안 즐겁게 일할 수 있었던 것은 이런 긍정심리자본의 요소들이 지친 몸과 마음을 복원시키고 어려움을 이겨낼 수 있는 힘을 줬기 때문이다. 이보다 더 가치 있는 자산이 있을까. 그리고 이런 자산을 가진 승무원들은 함께 일하면 할수록 긍정의 기운을 서로에게 나눠준다. 그래서 승무원들은 언제 만나도 유쾌하다.

내면의 자신감을 길러주는 정리의 힘

깨진 유리창의 법칙

1969년 스탠포드 대학의 심리학자 필립 짐바르도(Philip Zimbardo) 교수는 아주 재미있는 실험을 했다. 어느 골목에 자동차 2대를 세워 놓았는데 그중 한 대는 일부러 창문을 깬 상태로 뒀다. 일주일 후 창문이 조금 깨진 자동차는 배터리, 핸들, 타이어 등 거의 모든 부품이 도난당하고 파손되었지만, 다른 한 대에는 아무도 손을 대지 않았다. 이미 깨진 유리창이 사람들로 하여금 함부로 다뤄도 된다는 심리를 자극한 데서 유래한 '깨진 유리창의 법칙'은 이후 도시계획, 치안 유지, 경제학 등 많은 분야에서 인용된 유명한 이론이 된다.

이 이야기는 《청소력》(나무한그루, 2007)이라는 책에 소개된 내용이다. 책의 저자 마쓰다 마쓰히로는 사업에 실패하고 부인에게 이혼을 당한 후 하루하루를 술에 취해 보내는 폐인과도 같은 삶을 살고 있었다. 그렇게 몇 달이 지나자 그의 집은 쓰레기로 가득 차게 됐다. 그러던 어느 날 절친한 친구가 그의 집에 찾아와 집을 청소해주기 시작했고 그로 인해 그는 다시 일어설 힘을 얻게 된다. 깨끗해진 집을 보며 실패한 과거를 청산해야겠다고 마음을 먹은 것이다.

저자는 깨끗한 환경을 통해 삶의 원동력을 얻는 긍정의 에너지가 생기는 것이 청소력의 효과라고 말한다. 주변을 정리 정돈하는 습관은 사소해 보이지만 우리 삶에 아주 큰 영향을 미친다.

기내 환경과 청소력

깨끗한 환경은 삶을 대하는 자세를 교정해주고 새로운 일에 몰두할 수 있는 신선한 에너지를 제공한다. 비행을 마치고 해외에 체류하는 경우에 우리가 묵는 호텔에 도착하면 단체로 체크인을 하고 각자 방을 배정받는다. 비행이 끝난 후여서 몸은 천근만근 무겁지만 방문을 열었을 때 잘 정돈된 깨끗한 방과 마주하는 순간 느끼는 상쾌한 에너지는 뭐라 말로 표현하기 어려울 정도로 사람을 기분 좋게 한다. 보송보송하고 푹신한 이불이 덮인 호텔 침대에 몸을 던지듯이 누우면 '그래, 이 맛에 비행하지'라는 소리가 절로 나올 정도다.

이처럼 청소력이 뿜어내는 긍정적인 에너지의 효과를 이해하고 나니 기내 환경도 고객의 입장에서는 얼마나 중요한지 알게 되었다. 여행의 설렘을 가득 안고 비행기에 오르는 순간 깨끗한 기내 환경과 승무원의 환한 미소, 그것만큼 사람을 기분 좋게 하는 것이 또 있을까? 매 비행 전에 기내 청소가 완료되면 승무원들이 비행기 안을 돌아보며 전반적인 청소 상태를 확인하고 청소업체 직원이 내미는 서류에 서명을 해야 비로소 승객들의 탑승이 시작된다.

비행 중에도 마찬가지다. 비행기 안이 지저분하면 승객에게 아무리 좋은 기내 서비스를 제공한다고 하더라도 쾌적하고 고급스러운 느낌을 줄 수 없다. 물론 기내 청소는 승무원의 업무가 아니다. 매 비행이 끝나면 다음 비행을 위해 지상에서 항공기가 주기하는 짧은 시간 동안 조업사 직원들이 비행기에 올라타 부리나케 청소를 하고는 사라진다. 하지만 지상조업 직원들은 말 그대로 지상에서만 근무하는 사람들이다. 비행 중에 깨끗한 기내 환경을 유지하는 일은 승무원의 몫이다.

승객들이 좌석에 앉아 있는 공간인 캐빈(Cabin)에서는 버려진 쓰레기나 비닐 등을 치워 깨끗하게 유지하고, 화장실(Lavatory)에서는 승무원이 직접 비닐장갑을 끼고 수시로 들어가 더러워진 거울이나 세면대 물기도 닦고, 화장지 등 위생용품을 교체해야 한다. 특히 상위 클래스에 해당하는 비즈니스 클래스, 퍼스트 클래스에서는 업무 매뉴얼상 손님 한 명이 화장실을 사용하고 나올 때마다 청소를 하도록 되어있다.

'깨진 유리창의 법칙'에서처럼 실제로 비행 중에 화장실을 깨끗하게 관리하지 않으면 손님들도 여기저기 쓰레기를 쑤셔 넣기도 하고 무척이나 지저분하게 사용했다. 반면, 반짝반짝 빛나게 화장실을 정돈하고 난 다음에는 손님들이 뒷정리도 깔끔하게 하고 세면대에도 비눗물이 튀지 않게 조심하는지 더 오랫동안 화장실이 깔끔하게 유지되는 선순환이 일어났다.

기내식을 서비스할 때는 제공하는 것만큼이나 중요한 것이 바로 회수(Collection)다. 입사 경력이 얼마 되지 않았던 주니어(Junior, 후배 승무원) 시절에는 서비스를 제공하는 데도 힘에 부쳐 물품을 깔끔하게 회수하지 못하는 경우가 많았다. 정신 없이 서비스를 끝내고 한숨을 몰아쉬고 있는데, 우아한 걸음으로 기내를 둘러보던 선배가 곧바로 지적했다. "컬렉션(회수)이 제대로 안 돼 있는데? 헤드폰 포장 비닐도 여기저기 떨어져 있고, 손님들이 마신 음료 컵도 안 치워져 있잖아요. 다시 나가봐요." 그때는 숨 돌릴 틈도 없이 몰아세우는 것 같아 선배가 야속하기도 했다. 시간이 흘러 내가 시니어(Senior, 선배 승무원)가 되고 보니, 기내 환경을 여지없이 해치고 서비스의 품격까지 떨어트리는 소소한 쓰레기가 주니어 시절 때는 눈에 잘 들어오지 않았던 것임을 깨닫게 되었다.

깔끔함은 습관이 되어야 한다

주변을 청소하고 정리 정돈하는 습관은 업무에 몰두할 수 있는 환경을 만들기도 하지만 나아가 자기 자신의 용모를 단정히 하는 습관으로 이어진다. 자신의 용모를 단정히 하는 것은 고급스러운 이미지 메이킹의 가장 기본이 되는 동시에 스스로의 품위를 높여준다.

승무원이 회사에 출근해서 비행 출발 전 매번 하는 일 중 하나가 깨끗하게 세탁된 앞치마를 다림질하는 것이다. 청결함은 물론 구김 하나 없이 빳빳한 앞치마와 반짝반짝 윤이 나는 구두를 준비하고, 헤어와 메이크업을 포함해 머리끝부터 발끝까지 용모가 단정한지 점검하고 나서 비행을 간다. 평소에는 자가점검을 하지만 분기별로 한 번씩 회사에서 임명한 이미지 컨설턴트로부터 전체적인 이미지 메이킹을 꼼꼼하게 점검받는다.

항공사의 마케팅 덕분인지는 몰라도 사람들은 아직도 항공사 하면 승무원이나 유니폼 같은 이미지를 먼저 떠올릴 정도로 승무원은 항공사의 이미지를 대표하는 직종이다. 그런 점에서 비행 근무 전 어피어런스를 깔끔하고 단정하게 가꾸는 습관은 매우 중요하다.

외모를 깨끗이 하고 용모를 가꾸는 사람은 자기 자신을 소중하게 다루는 사람이다. 자기 자신에 대한 청소력은 자존감의 향상으로 이어진다. 외모를 먼저 깔끔하게 다듬어야 자신감 있게 손님을 대할 수 있는 내면의 에너지가 발산된다.

'깨진 유리창의 법칙' 일화에서 깨끗한 자동차는 아무도 함부로 손대지 않았다. 하지만 유리창이 조금 깨어졌을 뿐인 자동차는 처참할 정도로 사람들의 손에 파손되었다. 마찬가지로 용모가 지저분한 사람은 무의식 중에 자기 자신을 함부로 대접해도 되는 존재라고 인식하게 된다. 결국 그러한 부정적인 에너지가 자존감을 낮추게 되고 매사에 자신감을 잃게 만든다. 그만큼 자기 자신을 단정히 가꾸는 것이 중요하다. 결국 자신의 가치를 스스로 인정하고 사랑하는 마음, 자존감은 청소력에서 나오고, 청소력의 긍정에너지는 활력과 의욕으로 이어져 당신의 삶을 바꿔 줄 것이다.

어딜 가나 사랑받는 매력만점 센스쟁이

센스가 필요한 이유

"보딩(항공기 탑승) 사인 나갔습니다. 승무원들은 각자 서비스 구역에 위치하세요." 캐빈매니저의 방송과 함께 승객 탑승이 시작된다. 게이트 앞에서 기다리던 손님들이 차례로 탑승하면 저마다 탑승권에 적힌 좌석 번호대로 자리를 찾고 짐을 정리하느라 분주하다. 그 사이 승무원은 아이와 함께 탑승한 승객이 눈에 띄면 여행 중 아이가 무료하지 않도록 퍼즐이나 간단한 선물을 먼저 건넨다. 뜨거운 음료를 주문하는 승객이 있다면 승무원은 종이컵을 쥔 손이 뜨겁지 않게 냅킨을 살짝 겹쳐준다. 거동이 불편한 승객이 휠체어를 타고 오면 승무원은 특별히 짐도 들어 주변에 손이 잘 닿는 곳에 정리해두고 좌석에 놓여진 담요와 베개를 치웠다가 무사히 자리에 앉으면 무릎에 올려드리거나 등 뒤에 받쳐드린다. 당연한 승무원의 업무 같지만 상대방을 세심하고 편안하게 해주는 센스가 몸에 배어있지 않으면 자연스럽게 되지 않는 일들이다.

나는 개인적으로 '센스 있다'라는 칭찬이 제일 듣기 좋다. 왠지 모르게 그 칭찬에는 '매너가 좋다', '인격을 갖춘 세련된 사람이다'라는 의미가 들어있다는 느낌을 받기 때문이다. 센스 있는 사람은 어느 그룹에서든 환영받는다. 주변 사람들에게 인정받고 인기도 많다. 직장에서도 남들과 다르게 인정받고 싶다면 센스를 겸비하는 것이 좋다.

센스의 정확한 의미는 '어떤 사물이나 현상에 대한 감각이나 판단력'이다. 사실 승무원뿐만 아니라 모든 직업에서 센스가 필요하다. 디자이너에게는 탁월한 미적 감각이 필요하고 마케터에게는 시장 트렌드를 앞서가는 예민한 더듬이가 필요하다. 요리사는 오감을 총동원해야 미식가들의 찬사를 받을 수 있다. 따지고 보면 센스는 사회적 관계의 상호작용에서 긍정적 반응을 얻기 위한 기본적 요소다.

승무원처럼 하루에도 몇백 명씩 새로운 사람들을 만나게 되는 직업은 그리 흔하지 않다. 승무원이야말로 많은 사회적 관계를 맺어야 하는 직업이므로, 이러한 사회적 관계 속에서 승무원의 센스는 생각보다 큰 힘을 발휘한다.

센스를 갖추면 일어나는 효과

센스는 작은 차이에서 비롯되지만 사람과 사람 사이의 윤활유의 역할을 하며 인간관계를 풍요롭게 해준다. 승무원이 센스를 갖추면 어떤 효과가 있는지 그 장점에 대해 구체적으로 살펴보자.

호감도가 상승한다

센스 있는 승무원과 일하게 되면 비행이 즐겁다. 서비스를 하는 틈틈이 동료에게 물을 한 잔 권하는 편이다. 정신 없이 일에 몰두하다 동료가 건네준 물을 마시면 마치 마라토너가 레이스 도중 마시는 물처럼 가슴이 뻥 뚫릴 정도로 시원하다. 음료를 준비하려고 컵을 꺼내면 바로 쟁반과 냅킨을 준비해줘서 손이 덜 가게 하거나, 서류를 찾으면 볼펜을 끼워주는 등 센스 있게 도우면 손발이 척척 맞는다는 느낌이 든다. 센스는 좋은 습관이어서 어딜 가든 사랑받기 마련이다.

퍼스트 클래스에 탑승하면 가격이 비싼 만큼 제공되는 서비스 물품이 많은데, 목적지에 도착할 때쯤 한 손님이 기내에서 제공된 간편복, 탑승기념품(Give Away) 등을 어떻게 가져가야 할지 몰라 양손 가득 들고 계셨다. 기내판매용 쇼핑백을 가져와서 입구를 펼쳐드리며 가져가기 편하게 해드렸더니 사소한 부분이지만 승무원의 배려에 감동했다는 내용의 칭찬 편지를 받았다는 사례도 있다. 그 밖에도 감기 기운을 호소하면서 약을 먹게 물을 달라고 하면 따뜻한 물을 가져다주는 것이나 화장실 근처 좌석에 앉은 승객에게는 화장실 문이

열릴 때마다 자동으로 켜지는 불빛과 물 내려가는 소리 때문에 불편할까 봐 안대와 귀마개를 미리 준비해주는 것도 아주 좋은 센스다.

이처럼 센스는 상대방에 대한 세심한 배려로 완성되는 만큼 이기적인 사람은 센스 있는 사람이 될 수 없다. 센스와 매너를 갖춘 사람에 대한 호감도가 상승하는 것은 당연한 일이다.

친화력을 높인다

센스 있는 사람은 붙임성이 좋아 칭찬이나 관심의 표현에 인색하지 않다. 그냥 인사말을 주고받는 것으로 끝나 어색해질 수 있는 대화에서 한 걸음 더 나아가 가벼운 칭찬으로 자연스럽게 친밀감을 높여준다. 예를 들어 "안녕하세요"보다는 "안녕하세요, 오늘은 얼굴이 더 밝아 보여요"라든가, "넥타이가 잘 어울리시네요", "원피스 색이 정말 예뻐요"와 같은 칭찬의 조미료는 대화의 소재거리도 만들어주고 분위기를 좋게 하므로 친화력을 높여준다.

의사소통이 원활히 이루어진다

'콩떡같이 말해도 찰떡같이 알아듣는다'라는 속담이 있다. 대화의 문맥이나 상황을 생각해 상대방이 요구하는 것이 뭔지 파악하려다 보니 말귀도 잘 알아듣는 것이다.

한번은 중국 승객 한 명이 영어를 아예 못해 의사소통이 전혀 되지 않았는데 뭔가를 계속 달라고 요청했다. 주변에 있던, 같은 중국인이라는 이유로 몇 사람을 거쳐 겨우 영어를 조금 하는 아이 한 명이 대신 통역을 해줬는데, 그 아이의 영어는 발음도 알아듣기 어려웠지만 문법도 맞지 않아 도무지 이해할 수 없어서 참 당황스러웠다. "Something sticker when her"라는 것 같았는데, 아무래도 'her'가 아니고 'hurt'가 아닐까 짐작해서 반창고를 가져다줬다. 손님은 맞다며 너무나 기뻐했고 그 말을 알아들은 내 자신이 신기했다.

업무 분담이 잘 이루어져 일의 능률이 향상된다

승무원들은 분업에 최적화된 사람들이다. 집에서 승무원 친구들과 모여 맛있는 음식을 먹으며 즐거운 시간을 보내고 있었다. 음식을 배불리 먹고는 자연스럽게 수다가 이어지길래 후식을 좀 준비해야 할 것 같아서 방해가 되지 않게 슬그머니 일어나 과일을 꺼내 씻기 시작했다. 그러자 친구들은 누가 먼저랄 것도 없이 순식간에 다 먹고 난 음식과 그릇 정리를 끝내버렸다. 이어 누구는 차를 끓이고 누구는 과일 접시와 포크를 준비하고 후식을 위한 테이블 세팅도 척척 손발을 맞춰서 깔끔하게 해치웠다.

도와준다고 해서 같은 일에 뛰어들면 일의 효율은 떨어진다. 그보다 그 일의 진행을 도울 수 있는 주변의 다른 일을 찾아서 하는 것이 좋다. 마치 아마추어들이 모인 동네 축구에서는 공만 보이면 떼를 지어 우르르 몰려다니는 것에 비해, 프리미어 리그에서는 프로 선수들이 포지션을 적절하게 나누어 정확하게 패스하며 득점으로 연결시킨다.

전체의 흐름을 파악하는 능력이 길러진다

센스가 좋다는 것은 상대방에 대한 세심한 관찰뿐만 아니라 전후 사정에 대한 이해를 잘한다는 뜻이다. 주변을 둘러보고 인식하며 전체적인 상황의 흐름을 파악해 센스를 발휘한다. 여러 사람의 입장을 고려해 생각하고 행동하는 데는 빠르고 정확한 판단력이 필요하다. 고객 만족도가 높은 곳과 낮은 곳을 구분하는 차이도 고객의 마음을 '얼마나 잘 알아차리느냐'에 있다.

센스를 기르는 나만의 노하우

나는 승무원이 되기 전에는 센스와는 거리가 멀었다. 경상도의 무뚝뚝한 DNA를 타고 났을 뿐 아니라 주변의 변화에 무심한 편이어서 처음 입사해서 적응하기까지 상당히 애를 먹었다. 어색하면 더 얼어버리는 성격이라 표정까지 굳어버려 지적도 많이 받고, 비행할 때마다 분위기가 냉랭했다. 변하지 못하면 살아남을 수 없을 것 같다는 심각한 위기의식이 들면서 어떻게 센스 있게 행동할 수 있을지 고민하기 시작했다. 그러자 비로소 주변이 보이고 상대방의 상황을 잘 헤아려 '어떤 것이 필요할까'를 고심하게 되었다. 그러다 보니 센스를 기르는 나만의 노하우가 생겼다.

먼저, T.P.O.라는 말이 있다. 각각 영어 단어 Time(시간), Place(장소), Occasion(경우)의 첫 알파벳을 따서 만든 말이다. 원래는 옷차림의 매너에 관한 것으로 때와 장소, 모임의 성격에 맞게 차려입어야 한다는 뜻이다. T.P.O.를 다른 영역으로 확대해 모든 관계에서 T.P.O.를 잘 적용하면 센스를 키울 수 있다. 때와 장소에 맞는 인사말을 건네거나 상황을 잘 고려해 상대방의 니즈(Needs, 요구)를 파악한다면 센스 있는 행동으로 연결된다. 매사에 T.P.O.를 기억하자.

센스를 기르려면 무엇보다도 상대방에 대해 늘 관심과 배려의 마음을 갖는 것이 필요하다. 다시 말해, '관찰'이 중요하다. 상대를 관심 있게 지켜보고 필요한 것이 있으면 도움을 주는 것이 바로 센스다.

마지막으로 센스는 '디테일'로 완성된다. 센스는 거창하거나 타고난 재능으로 이뤄지는 게 아니라 사소한 디테일을 지나치지 않는 것이다. 평소에 상대방의 입장에서 필요한 도움을 생각하고 마음을 열고 다가가는 습관을 가지면 어느새 자연스럽게 체화되어 평범한 무리 속에 빛나는 나의 장점으로 자리 잡게 된다. 디테일이 만들어 낸 센스의 효과는 결코 사소하지 않은데다 훌륭한 평판으로 되돌아올 것이다.

승무원의 연봉은 얼마나 될까?

승무원들이 많이 받는 질문들

바야흐로 항공기 승무원 만 명 시대다. FSC(Full Service Carrier)라고 하는 메이저 항공사인 대한항공과 아시아나항공의 객실승무원 수에 LCC(Low Cost Carrier)인 저비용 항공사에 종사하는 객실승무원 수를 다 합하면 국내에 등록된 항공업무 종사자 중 객실승무원의 수는 1만 3천 명이 훌쩍 넘는다. (자료: 국토교통부 항공안전정책과)

이제는 많기도 하고 항공기 승무원이라는 직업의 신비감도 거의 사라졌지만 한때 국내에 단 2개의 항공사만 존재해 승무원이라는 직업이 꽤 희소했던 때가 있었다. 어르신들은 스튜어디스인지 스튜디어스인지 그리도 헷갈려 하셨고(실제로 기내에서 '스튜디오 아가씨'라고 불렀던 분도 있었다) 유니폼만 입고 지나가도 왠지 이목을 끌었으며, 직업이 탄로(?) 나는 순간 하나같이 똑같은 질문 공세에 대처해야 했다.

"국내선 타세요? 국제선 타세요?" 이건 양반이다. "국내선 타세요? 국외선 타세요?"라는 질문도 듣는다. 물론 두 노선을 다 담당한다. 생각해보면 국내선 전담 승무원이 생긴 건 2004년 KTX 철도가 개통되면서부터이니 그 이후에는 조금 일리 있는 질문이 되기도 했다.

"대한항공인가요? 아시아나인가요?", "제 사돈의 8촌인 ○○가 승무원인데 혹시 아는 사이세요?", "가본 데 중에 제일 좋은 곳은 어디에요?", "한 번 비행하면 얼마나 쉬어요?", "쉬는 날에는 뭐 하세요?" 등 질문의 질문이 계속 쏟아진다.

가장 곤란한 질문은 "월급은 얼마 받아요?"이다. 비행시간에 따라 매월 다르다고 둘러대면 "그래도 평균으로 하면? 연봉으로 치면요?"라며 계속 집요하게 묻는다. 가끔은 뭐라고 답해야 할지 만감이 교차한다.

승무원의 급여

민감한 부분이긴 하나 승무원을 준비하는 입장에서도 급여는 가장 궁금한 내용 중 하나일 것이다. 승무원은 명품을 좋아하고 사치스럽다는 편견 때문에 왠지 급여를 많이 받을 것 같기도 하다. 하지만 내가 생각하기에 승무원의 급여는 많지도 적지도 않다. 그냥 일반 대기업 직장인의 급여 수준과 비슷하다.

다만 연봉제가 아니라 기본급에 각자 근무한 비행시간에 따라 산정된 비행 수당, 해외 체류비 등이 매달 계산되어 지급되므로, 비행한 시간에 따라 월급이 달라진다. 거기에 보너스 개념의 정기 상여금과 교통비, 면세품 판매 인센티브, 어학 수당 같은 추가 수당이 있다.

국내 항공사는 8개월~2년의 인턴 기간을 거쳐 심사 후 정규직으로 전환되고, 인턴 기간 동안의 급여는 대체로 정규직보다 적다. 또한 같은 항공사 내에서도 2년제 대학 졸업자와 4년제 대학 졸업자, 군필자(병역의 의무를 마친 사람)인 남승무원과 여승무원, 근속연수와 직급에 따른 급여의 차이가 존재한다.

일반적으로 LCC 항공사의 평균 급여는 FSC 항공사의 80% 정도이며, 외항사는

| 2019년 상장 항공사 직원 현황 |

(단위: 만 원)

구분	사업 부문	직원 수 합계(명)	평균 근속 연수(년)	1인 평균 급여	2018년 평균 급여
대한항공	항공운송·항공우주·기내식기판사업·기타	19,063	16.5	8,083	8,083
아시아나항공	항공운송업	9,155	11.9	6,500	6,400
에어부산	항공운송	1,454	3.8	5,900	4,862
제주항공	항공운송	3,306	3.5	5,500	4,900
진에어	항공운송	1,942	3.9	5,500	5,300
티웨이항공	항공운송·지원	2,310	2.9	5,400	4,900

평균 근속연수가 높을수록 직급이 높아지고 연봉이 많아지므로 평균 급여 또한 높게 나오니 단순 참고용으로 삼는 것이 좋다.

출처: 여행신문

임금 체계가 국내 회사들과 다르기 때문에 쉽게 예측할 수는 없지만 현지에서 생활하는 체류비가 대부분 지원되는 경우가 많아 고정지출을 그만큼 줄일 수 있다.

같은 돈을 벌어도 더 많이 쓸 수 있다면?

소득이 높을수록 좋긴 하겠지만 반대로 지출을 할 때마다 할인을 받는 것도 소비를 줄여주는 효과가 있다. 승무원으로 일하면서 좋은 점 중에 하나는 면세점을 접하기 쉽고 외국에 나가 해외 물건들을 말 그대로 직구할 수 있다는 것이다.

보통 면세점이나 해외 직구를 이용하는 이유는 수입업자가 관세를 지불하고 우리나라에서 판매하는 것보다 가격이 싸기 때문인데, 승무원은 여기에다 추가로 더 할인을 받는다. 바로 승무원 할인, '크루 디씨(Crew Discount)' 덕분이다. 한국의 면세점에서는 대부분 승무원 아이디카드만 보여주면 멤버십 등급을 올려주어 할인 혜택을 주고, 해외 면세점은 전 세계 항공사 승무원 누구나 5~10% 정도 할인해주는 나라가 많다. 그렇지만 아쉽게도 승무원의 면세 한도가 100$까지만 가능하기 때문에 값비싼 명품은 그림의 떡이다.

또 승무원 할인이 아니더라도, 해외 체류 시에는 마트나 아웃렛에서 한국보다 훨씬 싸게 쇼핑할 수 있는 기회가 있다. 게다가 한국에서 비싸게 지불해야 하는 여러 가지 일들을 저렴하게 즐길 수도 있다.

예를 들면 우리나라에서 10만 원은 족히 넘는 태국마사지가 방콕에서는 3~4만 원에 해결되고, 프랑스 마트에서 20유로(한화로 약 2만 7천 원) 정도면 그랑 크뤼 클라세(Grand Crus Classé: 1855년 지정된 프랑스 보르도 지방의 특급 포도원에서 생산된 와인)의 와인과 우리나라 백화점의 수입 코너에서 비싸게 판매되는 치즈를 살 수 있다.

베트남의 어느 도시를 방문한다면 네일아트를 받고, 쌀국수를 먹고, 마사지를 받은 후 유명한 카페에서 베트남 커피를 한 잔 마셔도 한국의 반의반 가격도 안 된다. 운동을 좋아하는 사람은 휴양지에서 해양스포츠를 마음껏 즐기거나 골프장도 저렴하게 이용하며, 우즈베키스탄의 수도 타슈켄트에서는 수준 높은 발레 공연의 맨 앞

좌석이 단돈 만 원 정도밖에 안 된다. 그 밖에도 시드니에서는 호주의 청정우로 만든 스테이크를, 싱가포르에서는 칠리 크랩을, 하와이에서는 랍스터를, 사이판에서는 참치 회를, 하나같이 한국에서는 고급 요리이지만 현지에서는 배불리 먹을 수 있다.

이런 이유들로 승무원의 소득수준이 뛰어나게 높은 수준은 아니라 할지라도 상대적인 소비 여력이 늘어나므로 다양한 취미활동과 문화생활이 가능하다.

3장

차별화된 모습으로 누구보다 돋보여라

CODE 1

공감과 소통의 능력

AI시대, 취준생에게 가장 필요한 능력

2016년 3월 구글의 자회사 딥마인드가 개발한 인공지능(AI) 바둑 프로그램인 '알파고'와 세계 최정상 기사로서 인간 대표로 뽑힌 이세돌 9단의 바둑 대결이 세계의 이목을 집중시켰다. 이세돌 9단은 완승을 장담했고, 사람들도 로봇청소기, 인공지능 스피커, 번역 프로그램 등을 통해 AI를 접하면서 조금은 불완전하고 어떻게 보면 바보 같은 반응을 접했던 경험을 떠올렸다. AI기술이 인간의 지능을 대체하기에는 아직 기술이 발전하지 못했다는 인식이 지배적이었고 복잡한 사고체계를 거쳐야 하는 바둑에서는 절대 인간을 이길 수 없다고 생각하기도 했다. 하지만 결과는 1대 4, 이세돌 9단의 패배였다. 그나마 1승이라도 해서 인간의 자존심을 지켰다는 안도감에 잠시 기쁘기도 했지만, 이 대결은 사람들에게 AI시대가 성큼 앞으로 다가왔음을 느끼게 한 충격적인 사건이었다.

바둑 대결에서보다 AI는 실제로 우리 사회에서 훨씬 더 위협적인 존재로 다가오고 있다. 옥스퍼드대학교 칼 베네딕트 프레이(Carl Benedikt Frey) 교수는 AI로 인해 2033년에는 일자리 47%가 사라질 것으로 보았다. 한국고용정보원에서는 10년 후 국내 일자리의 60%가 로봇과 AI로 대체될 것으로 전망하기도 했다. 과거의 사례에서도 보면 1970~1980년대 많았던 극장간판 화가나 타이피스트 등 많은 직업이 컴퓨터의 발달로 지금은 사라졌다. 더욱 심각한 것은 AI에게 일자리를 빼앗길 뿐만 아니라 점차 AI가 면접관으로 등장함에 따라 사람이 오히려 AI에게 잘 보이기 위해 노력해야 하는 경우도 생겨난다는 것이다.

그렇다면 우리는 속수무책으로 AI가 인간의 영역을 대체하는 것을 보고만 있어야 할까? 《진화론》을 쓴 다윈은 '강하거나 똑똑한 종이 살아남는 것이 아니라, 환경의 변화에 적응하는 종이 살아남는다'고 했다. 인간은 뛰어난 적응력으로 만물의 영장이 되었다. 급변하는 AI시대에 잘 적응하고 경쟁력을 갖추기 위해서는 어떤 능력이 필요할까?

AI를 압도하는 공감능력

인간의 특성을 이성과 감성의 두 가지 영역으로 나눈다면, 이성적인 부분에서는 AI가 월등히 앞서나가기 시작했다. 인공지능은 눈부신 발전을 거듭하는 딥러닝(Deep Learning)을 통해 질병 진단 분야에서 인간의 능력을 속속 뛰어넘고 있다.

구글의 인공지능은 유방암 진단에서 92%의 정확도를 보여 73%에 머문 병리과 의사들을 큰 격차로 따돌렸다. 2017년 2월 〈네이처〉에 실린 논문에 따르면 미국 스탠퍼드대학교 연구팀이 개발한 인공지능은 악성 흑색종(Melanoma) 등 세 가지 피부과 병변에 대한 사진 판독에서 0.96~0.91의 민감도로 피부과 전문의들을 제쳤다고 한다.

그렇다면 감성적인 영역도 과연 AI가 인간을 압도할까? 영국의 방송사 BBC는 "사람의 감정을 다루는 직업, 즉 공감능력이 필요한 일은 로봇이 인간을 대신할 수 없을 것"이라고 전망했다. 또한 《사피엔스》의 저자 유발 하라리(Yuval Harari)는 "인간은 좀 더 인간다운 일에 집중할 수 있을 때 AI와의 경쟁에서 살아남을 수 있다"고 말했다. 인간다운 일의 근본이 되는 자질은 바로 타인의 감정을 이해하고 상대의 입장을 배려할 수 있는 공감능력이다.

공감능력이야말로 승무원으로서 갖춰야 할 절대조건이라고 할 수 있다. 비행을 가면 하루에도 수백 명의 새로운 사람들이 비행기에 타고 내린다. 그들은 각자 나름의 사연을 가지고 여행을 간다. 만약 유럽의 어느 노선이라고 한다면, 가족 여행을 가는 사람들, 해외에서 공부하는 유학생, 사업이나 출장 업무로 비행기를 탄 사람들, 친지나 가족을 방문하러 가는 사람들 등 다 저마다의 상황들과 건강 상태가 다르기 때문에 같은 비행기에 있다 하더라도 요구하거나 기대하는 것, 혹은 만족감도 모두 다르다.

기내식에 대한 기대가 특히 컸는데 기내식을 못 먹어서 화가 난 미식가 손님이 있는 반면, 반대로 기내식이 너무 맛있어서 급하게 많이 먹고 소화불량을 호소하는 손님이 있다. 또한 기내 소음과 불편함 때문에 보채는 아기를 달래느라 진이 빠진 아기 엄마, 평소 약간의 공황장애가 있어서 비행기 여행의 불안증을 극복하려고 와인을 청해 마시고 빨리 잠들려고 하는 손님, SNS에 올리기 위해 모든 서비스를 체험하고 그 모든 순간을 사진으로 남기느라 여념이 없는 손님 등 여러 손님이 있기 마련이다.

각자 상황이 다양한 만큼 그들의 요구사항도 다를 수밖에 없으므로 승무원은 손님 한 명 한 명을 면밀히 관찰하고 배려하기 위해 노력해야 한다. 그리고 그 배려의 깊이는 '만약 나라면'이라는 역지사지의 정신과 공감능력에 비례한다.

공감능력이 불러오는 소통의 선순환

만약 원하는 기내식을 못 먹어 화가 난 손님에게 상대의 심정을 이해하는 마음을 승무원이 가지고 있다면, 기내식 서비스가 다 끝난 후라도 "저라도 무척 속상했을 겁니다"라며, 공감을 표현하면서 간단한 간식을 준비해줄 수 있다. 그러면서 “대신 두 번째 식사는 먼저 원하는 식사를 고르실 수 있도록 하겠습니다”라고 말을 건네면 십중팔구 마음이 누그러진다.

비행 중 난기류를 만나 흔들리는 와중에 화장실에 가려 하는 손님, 다리가 아프다며 비상구 옆 승무원 좌석에 앉아있는 손님, 아예 비상구 앞 넓은 바닥에 담요를 깔고 누워버린 손님에게는 안전상의 이유로 제재를 하는 것이 당연하다. 하지만 이때도 되도록 무안하지 않도록 “비행 시간이 길어서 갑갑하고 힘드시죠”라고 먼저 공감의 말을 건네고 제재를 하면 훨씬 부드러운 표현이 된다.

이처럼 먼저 손님의 상태나 요구에 대한 공감능력을 발휘해 마음을 만지는 말을 꺼내면 소통은 바늘과 실처럼 따라가게 되어있다. 공감의 마음을 먼저 표현하면 상대도 마음을 열게 되고 소통의 선순환이 일어나게 된다.

승무원은 손님이 요구하는 것은 다 들어줘야 하는 직업도 아니고, 잘못이 없어도 무조건 죄송하다고 해야 하는 인고의 아이콘이 아니다. 안전을 위해 안 되는 건 안 된다고 말해야 할 때도 있는데, 그렇다고 상대를 무안하게 하는 것은 좋은 자세라고 할 수 없다. 그보다는 공감능력을 발휘해 적극적으로 손님과 소통한다면 더욱 고급스런 서비스를 제공할 수 있다.

공감능력을 키운다는 것은 머리로 이해한다고 완성되는 것은 아니다. 맹자가 말한 ‘인의예지(仁義禮智)’ 중 첫 번째인 측은지심, 즉 타인의 심정을 내 것처럼 여길 줄 아는 마음은 인성에 관한 것이므로 내면의 인격적인 수양이 필요하다. 똑똑하고 유능하긴 하지만 제 주변을 살필 줄 모르는 이기적인 사람은 인공지능의 시대에 가장 먼저 대체될 유형 중 하나이기도 하지만 승무원에도 가장 적합하지 않은 사람이다.

자신의 가치를 높이는 자질, 배려심

대한민국 대표 서비스 교육기관

에버랜드와 아시아나항공의 공통점이 무엇인지 아는가? 바로 우리나라 굴지의 서비스컨설팅 사업기관이 있다는 점이다. '아시아나 서비스컨설팅'과 '에버랜드 서비스아카데미'는 CS분야에서 우리나라를 대표하는 유명 서비스 교육기관들이다. 두 회사가 각자의 부문에서 거의 매년 고객만족도조사 1위를 차지하는 이유도 이와 무관하지 않다. 이 두 기관은 내부직원들의 서비스 교육으로 다져진 탄탄한 노하우를 바탕으로 정부 각 부처와 공공기관, 교육기관, 숙박업체, 통신업체, 금융기관, 의료기관 등 사회 전반에 걸쳐 서비스 교육과 컨설팅 사업을 지속해왔다.

서비스 교육이라고 하면 흔히 항공사, 호텔, 레스토랑, 관광지, 놀이동산 등의 업종에만 필요한 것이라고 생각할지도 모르겠지만, 어느 분야에서나 직원들의 서비스 마인드 함양을 위한 교육이 업무의 효율을 높이고 영업이익에까지 긍정적인 영향을 주기 때문에 서비스 교육에 대한 수요는 꾸준히 이어지고 있다.

세로토닌 서비스

에버랜드의 서비스와 항공사의 서비스는 둘 다 고객 만족을 지향하고 있지만 근본적으로는 아주 큰 차이점이 있다. 마치 아드레날린과 세로토닌의 차이라고나 할까. '아드레날린'은 기쁨에 넘치고 흥분했을 때 뇌에서 분비되는 호르몬이고, '세로토닌'은 편안함과 안정감을 느낄 때 분비되는 호르몬이다. 인간이 느끼는 감정을 희(喜), 노(怒), 애(哀), 락(樂)으로 봤을 때 '희'와 '락'은 둘 다 즐거운 감정이지만, 그 차이를 호르몬의 변화와 연관 지어 설명하자면 '희'는 아드레날린이 분비되는 감정이고 '락'은 세로토닌이 분비되는 감정이다.

그렇다면 항공사가 지향하는 서비스는 어느 쪽일까? 항공사 객실 승무원의 정의에 따르면 승무원의 역할은 '승객을 목적지까지 안전하고 편안하게 모시는 일'이라고 한다. 승무원의 서비스는 승객이 쾌감에 가득 차 흥분에 겨운 상태보다는 편안함을 느끼는 여행이 되도록 도와주는 편이 좋다. 즉, 가장 이상적인 서비스는 '세로토닌 서비스'라고 할 수 있다.

세로토닌 서비스에 필요한 조건은 다음 세 가지다.

첫째, 안전하다는 생각이 들 때 편안함을 느낀다.

둘째, 환경이 쾌적하고 휴식에 방해 요인이 없어야 한다.

셋째, 언제든지 자신에게 도움을 주는 사람이라는 신뢰감이 형성되어야 한다.

승무원과 승객의 갑을관계

안전하고 편한 휴식을 제공하고 신뢰감 있는 서비스를 위해 승무원은 신입 승무원이 된 그 순간부터 많은 것을 배우고 익히고 훈련받는다. 하지만 승무원에게 가장 중요한 마음가짐은 첫째도 배려심, 둘째도 배려심, 셋째도 배려심이다. 배려심의 중요성을 깨닫기 위해서는 서비스업에 대한 기존의 선입견부터 깨야 한다. '손님은 왕이다'라는 오래 전부터 굳어진 고정관념 탓인지 '손님은 갑, 승무원은 을'이라는 상하관계로 인식하고 손님의 요구에 무조건 순종하는 것이 서비스의 미덕이라고 생각하는 사회적 인식이 아직도 남아 있다.

승무원이 기내에서 제공하는 서비스는 그러한 선입견과는 완전히 다른 관점에서 바라봐야 한다. 승무원은 손님이 내는 돈으로 월급을 받으니까 손님이 부당한 요구를 하더라도 싫은 내색을 하지 못하며 무조건 고분고분해야 하는 식의 논리는 정말 곤란하다. 거절을 못하는 입장이라서 친절해야 하는 것이 아니다. 손님의 부당한 요구가 기내의 특수한 환경이나 시스템을 이해하지 못하는 경우가 많기 때문에 승무원들은 손님이 무안하지 않게 거절하는 방법을 찾기 위해 고민하는 것이다.

비즈니스 클래스에서 어떻게 원하는 식사가 떨어질 수 있느냐며 화를 내는 손님, 일행과 떨어진 좌석을 배정받은 것을 도저히 이해할 수 없다는 손님, 짐을 머리 위 선반에 절대 올릴 수 없다고 주장하며 손상되면 책임질 거냐고 하는 손님들의 요구는 무조건 들어줄 수도 없지만, 죄인이 된 것처럼 '죄송합니다' 만 연신 외쳐서 해결될 수 있는 것도 아니다. 손님의 화난 감정과 상황을 먼저 이해하고 공감하며 적절한 소통을 통해 상황을 설명하고, 불편한 부분을 해소할 수 있도록 대안을 찾는 승무원의 노력은 상대방을 배려하는 마음에서부터 출발해야 한다. 이러한 관점을 이해하고 직업에 임하는 사람과 이해하지 못한 사람은 승무원으로서의 자질을 함양하는 데 출발에서부터 천지 차이가 난다.

앞서 얘기한 세로토닌의 서비스는 안전한 상태, 쾌적한 환경, 승무원에 대한 신뢰감으로 완성된다. 항공 여행은 하늘 위라는 특수한 환경 때문에 더욱 승객에게 안정감을 줘야만 편안함을 느끼는 세로토닌 서비스가 가능하다. 그렇다면 안전한 상태를 유지하기 위해 손님이 승무원에게 지시할 수 있는 일은 도대체 무엇이 있을까? 기내 환경의 위험 요소에 대한 지식을 가지고 사전에 미리 제거하는 것은 승무원이 주도적으로 수행할 수밖에 없는 일이다.

쾌적한 환경을 유지하기 위해 30분마다 기내 온도를 확인하고, 서비스 진행 상황과 승객의 휴식 시간을 고려해 기내 조명을 그때마다 알맞게 조절하는 것, 화장실 청소를 비롯해 멀미나 급체 등 환자가 발생했을 때 도와주는 등 궂은일을 마다하지 않는 것은 승객을 위한 배려심에서 나온다.

그 외에도 불편함이 없는지 항상 살피고 보살피는 일, 승객이 요구하는 일을 처리하는 것은 흔히 '케어(Care)한다'라고 하는데, 이 또한 승객에 대한 배려심이 몸에 배어있지 않으면 불가능한 일이다. 따라서 승무원 업무의 주체는 승무원이지 손님이 아니다. 승무원은 기내에서만큼은 전문가다운 직업 정신과 업무 지식을 바탕으로 배려심이라는 아름다운 마음을 장착하고 승무원의 도움을 필요로 하는 승객들에게 편안함의 세로토닌 서비스를 제공하는 사람들이다.

배려심이 곧 인성이다

보통 항공기는 정시 출발을 지켜야 하기 때문에 탑승수속을 끝낸 승객이라 하더라도 출발시간 전에 항공기에 탑승하지 않으면 문을 닫고 바로 출발한다. 한번은 면세점에 서 시간을 지체하다 항공기 출발시간이 임박해 허겁지겁 기내로 들어온 손님이 있었다. 땀이 비 오듯 하며 가쁜 숨을 몰아쉬고 있을 때 얼른 냉수 한 잔을 따라 손님에게 다가가 권했다. 그 순간 온 얼굴로 감동을 표현하며 "감사합니다!"를 연신 외치던 손님을 보며 '기내에서는 물 한 잔도 승무원의 도움 없이는 마실 수 없구나'라는 사실을 다시 한 번 깨달았다.

배려라는 말의 뉘앙스는 조금 더 여유를 가진 사람이 약자에게 베푸는 상황에 더 어울린다. 기내에서는 어쩔 수 없이 도움이 필요한 약자가 되는 승객을 위해 더 많이 배려하고 베풀어야겠다고 다짐하며 비행하다 보니 다른 사람을 배려하는 마음이 아예 습관이 되었다.

내가 아는 승무원들은 하나같이 기내가 아니라도, 엘리베이터를 탈 때 모르는 사람이라도 끝까지 문이 안 닫히게 열림 버튼을 누르며 기다리고, 좁은 길을 갈 때 먼저 가라고 자동반사적으로 길을 내어주며, 공공장소에서 문을 열고 갈 때 뒤따라오는 사람이 부딪히지 않도록 문을 잡아주는 사람들이다. 이런 일들이 너무 사소해 보이는가? 하나를 보면 열을 아는 법이다. 상대에 대한 배려와 존중의 마음은 어느새 인성으로 자리매김하고 무의식적으로 나오는 행동 하나조차도 자신의 가치를 빛내는 자질이 된다.

워런 버핏의 인재 채용 기준

워런 버핏(Warren Buffett)은 세계 최고의 투자가로 인정받으며 '오마하의 현인(Oracle of Omaha)'이라 불린다. 그가 소유한 회사 버크셔 해서웨이(Berkshire Hathaway Inc.)는 섬유업체에서 시작했지만 그가 사들인 이후 투자, 보험업, 항공우주, 자동차, IT/미디어, 전기 가스, 소비재 제조 및 유통업체 등 수많은 자회사를 거느린 시가총액 기준 세계 9위(2020년 5월 기준)의 지주회사로 성장했고 현재는 주가가 1주당 3억 원(Class A주식 기준)을 호가하는 기업이 되었다.

워런 버핏이 직원을 채용할 때 기준으로 삼는 것은 무엇일까? 그는 다름 아닌 지능(Intelligence), 열정(Energy), 도덕성(Integrity)이라고 대답했다. 그중에서도 그가 가장 중요하다고 강조하는 것은 바로 '도덕성'이다. 정직, 성실, 근면과 같은 도덕적인 성품과 습관이 결여된 사람은 아무리 지능이 높고 열정이 넘쳐도 본인의 이익을 위해서라면 자신의 능력을 이용해 타인을 공격하거나 부정한 일을 저지르게 되어 회사를 망칠 수도 있다고 생각하기 때문이다.

버핏은 그 자신이 먼저 도덕성을 실천하고 있다. 1958년에 구입한 고향 오마하의 시골집에서 아직도 살고 있고, 아침은 단돈 몇 달러짜리 맥도널드 햄버거를 출근길에 들러 드라이브 스루로 구입해 해결한다. 오래된 중고차를 직접 몰고 다니며 옷도 잘 사지 않는 등 그의 재산에 비하면 초라할 정도로 검소한 생활을 하고 있다. 그는 돈보다 명성을 중시해서 "평판은 쌓는 데 20년이 걸리지만 망가지는 것은 5분도 걸리지 않는다"며 직원들에게도 인성을 늘 강조한다. 게다가 매년 수조 원의 기부금을 출연해 전 재산의 99%를 기부하겠다는 다짐을 실천하고 있다.

국민 MC의 인기 비결

데뷔 후 9년 동안이나 힘든 무명시절을 보내면서 카메라 공포증까지 더해져 방송에서 단역만 전전하던 개그맨이 있었다. 하지만 차츰 재치 있는 입담을 인정받기 시작하면서 지금은 국민적인 사랑을 받는 MC로 성장한 그는 누구도 따라올 수 없는 인기를 누리며 전지전능한 신의 경지에까지 추앙받기에 이른다. 그 개그맨은 바로 유재석이다. 그가 이토록 오랫동안 국민 MC로서 사랑받는 이유는 남다른 예능감과 유머 감각도 있겠지만, 그의 재능보다는 인성을 보고 많은 사람이 좋아하고 편안함을 느끼는 데 있다. 그가 방송에서 보여준 재미있고 익살맞은 모습 뒤에 한결같이 겸손한 언행과 타인에 대한 친절, 배려, 예의 바른 모습들은 그를 톱스타 이상의 존재로 돋보이게 한다.

녹화 중 신발 끈이 풀어진 고등학생 출연자를 위해 무대 뒤에서 손을 잡고 발을 받쳐주는 모습, 야외촬영 중 유모차가 길가 턱에 걸려 어려워하는 아기 엄마를 보고 반사적으로 다가가 유모차를 들어주는가 하면, 비 오는 날 시상식 레드카펫에서 한껏 차려입은 옷이 젖고 머리에 비를 맞아도 오히려 우산을 씌워주는 진행요원들을 배려하는 모습이 그에게는 일상적인 일처럼 자연스럽다. 덕분에 한국기업평판연구소에서 빅데이터를 분석해 조사한 결과 전체 1위의 소통지수, 커뮤니티 지수를 획득하며 2020년 4월 예능 방송인 브랜드 평판 1위를 차지했다.

그의 배려심은 출연자와의 소통에서도 드러난다. 그는 함께 출연하는 출연자들의 캐릭터를 잘 만들어주기로 유명하다. 특별한 존재감이 없던 박명수에게는 2인자의 캐릭터를 입히고, 정준하는 동네 바보형으로, 정형돈은 웃기지 못하는 개그맨 캐릭터를 씌워 그 자신은 그 캐릭터들이 프로그램에서 멋지게 빛날 수 있도록 잘 뒷받침했다. 웃기기 위해서 상대방을 깎아내리고 약점을 들춰서 자신을 돋보이려는 방송인들 틈에서 함께하는 동료와 후배의 잠재력을 이끌어내고 개성을 살려주는 세심한 배려가 만들어낸 소통법이 그를 더욱 높이 평가하게 만들고 있다.

배려의 마음을 표현하는 방법

한 사람의 인성은 상대방을 배려하는 마음가짐에서 비롯되고, 예절 바른 행동을 통해 표현된다. 만약 혼자서만 살아가는 세상이라면 예절이나 매너, 에티켓을 갖출 필요가 없겠지만, 사람들과 더불어 살아가기 위해서 도덕과 예절은 아주 필수적인 자질이며 인간으로서의 품격을 높여준다.

더구나 손님의 안전하고 편안한 여행을 돕는 승무원의 직업적 특성상 도덕성과 배려의 마음가짐, 예절을 갖추는 것은 가장 기본적이면서도 중요한 요소이기 때문에 가장 오랜 시간 공들여 훈련한다. 실제로 회사에서 실시하는 업무 교육에서 기내 서비스를 시연하는 '롤 플레이(Role Play)' 시간에 가장 많이 연습하고 평가하는 점이 이러한 부분이다.

한 예로, 세부평가 사항에 '스탠더드 모션(Standard Motion)을 잘 지키는가'라는 항목이 있다. 스탠더드 모션이란 마치 유럽 귀족의 자제들이 손님 대하는 법, 차 마실 때의 자세 등 예법을 교육받았던 것처럼 승무원에게 적합한 예절을 몸에 익혀 서비스의 품질을 높이는 것을 말한다. 인사할 때 손을 모으고 고개를 숙이는 각도에서부터 방향을 안내할 때는 손바닥을 쭉 펴고 다섯 손가락을 다 모은 채로 정확하고 공손하게 방향을 지시해야 하는 등 세부적인 몸짓이나 말투, 표정, 몸짓 하나하나에 나쁜 습관이나 버릇이 드러나지 않도록 훈련하는 것이다. 식사 서비스를 할 때는 다 먹은 그릇이라도 절대 손님의 테이블 위에서 포개지 않아야 하고, 팔이나 손이 손님의 시야를 가리지 않도록 배려하는 세심한 동작들을 무의식 중에도 자연스럽게 나올 정도로 연습해야 한다.

오랜 시간 몸으로 익혀 습관처럼 하는 행동에서 매너와 에티켓이 배어나오는 것이고, 매너 있는 행동은 상대방을 먼저 배려하는 마음가짐 없이는 절대로 나오지 않는다. 좋은 목소리를 가진 아나운서들의 말에서 신뢰감을 느끼는 것처럼, 잘 훈련된 승무원에게서는 승무원다운 분위기와 편안함을 느낄 수 있다. 승무원을 준비하는 사람이라면 평소에 먼저 남을 생각하는 마음가짐을 갖추고 매너와 에티켓을 실천하는 습관을 기르는 것이 무엇보다도 중요하다.

상대방이 편안함을 느낄 수 있도록 배려심을 표현하는 방법으로 '라포 형성(Rapport Building)'이 있다. 라포는 프랑스어로 '관계', '어울림'을 뜻하는 심리학 용어로, 마음을 열고 상호 간에 신뢰관계를 형성하는 것을 말한다.

먼저 자연스럽게 상대방의 행동을 따라 하면서 동질감을 느끼게 되는 거울반응(Mirrroring)처럼 행동의 유사성으로 공감대를 형성할 수 있다. 그리고 원만한 의사소통을 위해 상대가 천천히 말을 하면 나도 천천히 하는 식으로 상대방의 말 속도에 맞춰(Pacing) 말해서 편안함을 느끼게 하고, 상대가 한 말을 한 번 더 반복해서 말하거나 맞장구를 치면서 경청하고 있다는 메시지를 주게 되면(Backtracking) 더욱 친밀함을 느끼게 되고 신뢰가 쌓인다.

배려심은 인성의 기본이다. 수많은 다양한 사람을 만나는 승무원으로서 상대방을 배려하는 마음으로 라포 형성을 통한 의사소통을 한다면 어디서나 신뢰를 주고 각광받는 사람이 될 수 있다.

섬김의 리더십

헤르만 헤세의 《동방순례》

독일 문학의 거두이자 노벨문학상 수상자인 헤르만 헤세(Hermann Hesse)는 1932년 신비주의적인 소설 《동방순례(Journey to the East)》를 출간했다. 이 이야기는 주인공 H.H.가 '비밀결사'에 가입하여 순례자들과 함께 동방으로 떠나는 여행기다.

동방순례에 나선 일행 중에 눈에 띄는 하인이 한 명 있었는데 그의 이름은 레오였다. 그는 순례자들을 위해 짐을 나르고 온갖 허드렛일을 마다하지 않는 하인으로 다정하고 겸허한 사람이었다. 레오는 지식과 경험이 많았으나 섬기는 자세가 몸에 배어있었다. 가끔씩 멋진 휘파람을 불어 오랜 여행에 지친 일행을 즐겁게 해주기도 하면서 순례단의 여행길을 순조롭게 뒷받침하고 있었다.

그러던 어느 날 레오가 갑자기 실종하는 사건이 발생했다. 순례단의 많은 하인들 중 한 명이 사라진 것에 불과하다고 볼 수 있지만, 모두를 유쾌하게 해주던 충실한 하인 레오를 잃어버린 것은 모든 이들의 마음을 아프게 했다. 그의 실종 후 순례단은 여행길을 계속해야 할 의미를 상실한 것처럼 혼란에 빠졌고 결국 해체되었다.

몇 년이 흘러도 레오를 찾는 일을 포기하지 않고 있던 H.H.는 애타게 그리던 레오를 다시 만나게 되는데, 놀랍게도 순례단에서 하인이었던 레오가 신분을 위장한 비밀결사의 최고지도자임을 알고 큰 충격을 받는다.

《동방순례》에서 발견한 섬김의 리더십

미국 최고의 통신기업 AT&T의 경영 컨설턴트와 연수원장으로 근무했던 로버트 그린리프(Rovert K, Greenleaf)는 영어로 번역된 《동방순례》를 읽고 크게 감명을 받아 처음으로 '섬김의 리더십(Servant Leadership)'의 개념을 소개했다. 그는 진정한 리더란 구성원을 섬기는 사람이며, 하인처럼 봉사하면서도 상대방에게 큰 영향을 미치고 전체의 목표를 달성하는 사람이라는 역설적 진리를 깨달았다. 그리하여 소설 속 레오를 훌륭한 리더의 모델로 삼았다.

로버트 그린리프는 1970년 《서번트 리더십 원전(The Servant As Leader)》이라는 책을 출간하면서 '서번트 리더십'의 이념을 정립했는데, "타인을 위한 봉사에 초점을 두며, 종업원, 고객 및 커뮤니티를 우선으로 여기고 그들의 욕구를 만족시키기 위해 헌신하는 리더십"이라고 정의했다.

서번트 리더의 특징은 대체로 남의 말을 귀담아들으며 곤경에 처한 사람들에게 동정심을 갖는다. 남을 치유하고, 설득하며, 남들의 욕구와 소원을 잘 파악하고, 그들의 고통과 좌절을 기꺼이 함께 나누는 사람들이다.

또한 서번트 리더는 '청지기 의식(Stewardship)'을 가진 사람을 의미한다. 청지기 의식이란 인간에 대한 근본적인 신뢰를 가지고 타인의 욕구를 최우선시하며, 리더가 책임감을 바탕으로 솔선수범하여 봉사 정신을 갖고 업무에 임하는 것이다. 흥미롭게도 항공 여객기의 남자 승무원을 뜻하는 'Steward'와 여승무원인 'Stewardess'라는 말도 여기서 유래했다.

섬김의 리더십이 필요한 직업

여기서 우리는 비로소 승무원의 진정한 역할이 무엇인지 발견할 수 있다. 사실 우리나라에서 서비스 산업 발달의 초기에 만들어진 잘못된 서비스 개념으로 인해 무조건 '손님은 왕', '돈을 냈으니 무엇이든 요구할 수 있다'는 식의 분위기도 있었다. 그러한 인식의 잔재가 '갑질 문화', '블랙 컨슈머' 등과 같이 부정적인 방향으로 흘러온 것도 사실이다. 하지만 그러한 잘못된 인식을 변화시켜야 하는 동시에 서비스 제공자의 마인드를 제대로 잘 정립하고 있어야 좋은 서비스 문화가 정착될 수 있다.

승무원의 업무는 고객 만족을 위해 무리한 요구까지 다 들어주는 것이 아니다. 섬김의 리더십으로 승객을 돌보며 안전하고 쾌적한 비행 환경을 제공하는 일이다. 항공 여행에서 편안함을 주기 위해서 친절과 미소가 필요하며, 안전업무를 위해 적절한 업무 지식을 갖춰야 한다. 항공기 사고와 같은 극단적인 상황에서는 목숨을 걸고 승객을 탈출시켜야 하는 판단력과 단호함이 요구된다.

서비스의 의미에 대해 오랫동안 고민하던 한 선배는 "손님이 먼저 요청해서 드리는 것은 심부름, 손님이 필요한 것을 먼저 파악해서 불편함이 없도록 제공하는 것은 서비스"라고 정의 내렸고, 비행 때마다 좀 더 세심하게 손님 한 명 한 명에게 관심을 기울였다. 자발적인 직업적 책임감에서 시작된 이 행동에 손님들이 감동해 칭송 편지도 많이 받았다.

2016년 두바이 국제공항에서 발생한 에미레이트항공 여객기의 착륙 사고에서 승객들은 화재로 인한 연기 속에서 겁에 질려 비명을 지르며 우왕좌왕했다. 하지만 당시 탑승한 승무원들의 침착한 비상탈출 지휘에 의지해 비행기 뒷문으로 펼쳐진 슬라이드를 타고 탈출했다. 탑승객 282명을 모두 탈출시킨 후 승무원들은 마지막까지 기내에 남아 부상자가 없는지 확인했고, 붉은 화염과 함께 비행기가 폭발하기 직전 겨우 빠져나왔다.

이들이야말로 진정한 서번트 리더십을 갖추고 직업의 책임을 다

하는 사람들이라 할 수 있다. 이 리더십은 짧은 시간에 만들어지는 것이 아니다. 인성, 가치관, 훈련이 모두 한 방향을 바라볼 때 만들어지는 자질이며 최고의 승무원을 만드는 훌륭한 서비스의 근본이 된다.

글로벌 영업에 가장 필요한 어학 능력

한국인의 국적기 사랑

해외여행을 마치고 돌아오는 인천행 비행기에서는 한국인 관광객들이 우리를 유난히 반긴다. "아이고, 한국 사람 반갑네", "얼마 만에 한국말 들어보나. 속이 다 뻥 뚫리는 것 같단 말이야" 나는 뭐라 맞장구라도 치려고 "오랫동안 여행하셨나 봐요. 얼마나 다녀오셨어요?"라고 물으면 "응, 4박5일"이라는 대답이 돌아온다.

한국인의 국적 항공사 사랑은 유난하다. 애국심 때문일까? 예로부터 국적기 항공권이 외국 항공사보다 아무리 차이 나게 비싸도 우리나라 사람들은 국적기를 선호했다. 여러 가지 이유가 있겠지만 그중 하나는 바로 언어다. 한국말이 통한다는 편리함 때문이었다.

지금은 LCC(저비용) 항공사에서 기내식을 판매한다. 그렇지만 국내에 단 2개의 국적 항공사가 존재했던 시절, 비행기에서 제공되는 기내식과 각종 음료 및 주류 서비스는 기왕 돈 내고 탄 이상 본전을 뽑아야만 하는 대상이었다. 기내에서 마음껏 시켜서 먹고 즐기고 싶은데, 승무원들이 우람한 체격에 말도 잘 안 통하고 불친절한 외국 항공사에서는 뜻대로 하기 쉽지 않았다. 그래서 밥 잘 주는 예쁜 언니들이 한국말을 쓰는 국적기에 대한 인기가 높았다. 국적 항공사는 국내 영업만으로도 등 따뜻하고 배부르던 시절이었다.

시장이 개방된 지금의 항공사는 글로벌 영업 네트워크가 중요할 수밖에 없다. 인터넷과 방송을 통해 여행 정보가 넘쳐나고 사람들은 후기를 검색하고 가격비교 사이트에서 항공권을 예매한다. 인터넷 검색에는 국경이 없다. 항공사는 외국인도 클릭할 수 있도록 영업 경쟁력을 갖추고 싶어 한다. 외국인도 우리 항공사를 이용해보고 마음에 들면 좋은 후기를 남길 것이다. 그 후기를 보고 또 다른 외국인도 탑승할 것이다. 좋은 후기가 올라오려면 기내 서비스가 만족스러워야 한다. 그 기내 서비스를 담당하는 사람이 누구인가? 바로 승무원이다. 이러한 이유에서 항공사에서는 승무원에게 글로벌 감각과 외국어 실력을 예전보다 더 많이 요구하고 있다.

세계 최고의 항공사

스카이트랙스에서는 매년 항공사의 다양한 요소와 실제 탑승객의 선호도를 조사하여 우수 항공사들의 순위를 매긴다. 2018년 스카이트랙스가 꼽은 최고의 항공사 1위는 싱가포르항공이 차지했다. 싱가포르항공이 세계 최고 항공사로 선정된 것은 이번이 네 번째다. 싱가포르항공은 미국의 저명 여행잡지인 〈컨데 나스트 트래블러(Condé Nast Traveler)〉가 발표하는 세계 최고의 항공사로는 21번이나 선정될 정도로 차별화된 브랜드 이미지로 항공업계의 인정을 받고 있다.

싱가포르항공의 서비스 전략은 아시아 특유의 상냥하고 예의 바른 문화적 전통의 바탕 위에 세워진 것이고, 이는 국내 항공업계에서도 서비스 교육 부분에서 상당 부분 벤치마킹했다. 하지만 영어를 공용어로 사용하는 나라의 특성상 고객과 승무원 간의 의사소통이 자유롭다는 점은 국내 항공사에서는 따라잡기 힘든 강점이다.

다음 표에 나온 스카이트랙스 객실 승무원 평가항목에도 같은 5성급 항공사에서 국내 항공사인 아시아나항공과 싱가포르항공을 비교하면 다른 부분에서는 모두 점수가 높았지만 언어 능력과 고객 요구 응대 항목만 점수가 낮은 것을 확인할 수 있다.

고급스런 서비스를 제공하려면 고객의 요구를 정확히 파악해야 한다. 하지만 언어 장벽이 생기면 식사 종류를 물을 때도 소고기냐 치킨이냐 하며 바디랭귀지를 해야 할 지경이다. 이 순간 승무원의 품위는 바닥에 떨어진다.

| 스카이트랙스 객실 승무원 서비스 평가(2018 비즈니스 클래스 기준) |

항공사	4성 항공사				5성 항공사				
	대한항공	에미레이트 항공	아에로 플로트 항공	타이 항공	아시아나 항공	싱가포르 항공	에바 항공	캐세이 퍼시픽 항공	일본 항공
객실 안전에 대한 주의	4	4	4	4.5	5	5	4.5	5	4.5
서비스 기술과 숙련도	4	4	4	4	4	4	4.5	4	4.5
서비스 속도	4	4	4	4	4.5	4	5	4.5	5
열정과 친근함	4	3.5	4	4.5	4	4	4	4	5
서비스 태도	3.5	3.5	4	5	4.5	4	4	4	5
맞춤 서비스	3	3.5	4	4	4	4	4	4.5	4.5
고객과의 상호작용	3	4	4	4	4	4	4	4.5	4.5
언어 능력	3	4.5	4	4.5	4	5	4	5	4.5
객실 상시 확인	4	3.5	4	4	4.5	4	4.5	4.5	5
고객 요구 응대	4.5	4	4	4.5	4	4.5	5	4	5
서비스 품질 일관성	4	4	4	4.5	4.5	4	4	4.5	5
평균	3.73	3.86	4.00	4.32	4.27	4.23	4.32	4.41	4.77

출처: KCGI(Korea Corporate Governance Improvement)

승무원의 거짓말

비즈니스 교육을 받은 지 얼마 안 됐을 때의 일이다. 일본 노선에서 한식과 양식 두 가지 메뉴의 코스요리를 한창 서비스하고 있었는데, 마지막 5열에 앉은 일본인 손님이 주문한 양식 전채가 하나 모자랐다. 마지막 열이라 식사를 제일 늦게 받아야 해서 오래 기다린 분인데 막상 드리려고 했던 양식 메뉴가 사라진 것이었다.

머릿속이 하얗게 되고 식은땀이 흘렀다. 탑재된 개수와 주문받은 메뉴의 개수가 맞는지 몇 번이나 확인해서 이럴 리가 없다고 생각했다. 그 순간 명탐정 셜록 홈스라도 불러내고 싶은 심정이었다. 하지만 범인은 곧 밝혀졌다. 바로 나였다.

1열에 앉은 한식을 주문한 손님에게 내가 실수로 양식 전채를 드렸고, 그분은 메인요리 전 간단하게 나오는 전채라 한식과 양식을 구분하지 못하고 맛있게 다 드셨다. 결국 5열에 앉은 일본 손님에게 드려야 할 양식 전채는 1열 손님의 뱃속으로 들어간 것이다. 하늘을 날고 있는 중에 없는 전채를 어디서 가져올 수도 없는 노릇이었다. 이 상황을 어떻게 수습해야 할지 앞이 깜깜했다.

할 수 없이 선배에게 도움을 요청했다. 선배는 이코노미 클래스에서 근무하는 일본인 승무원을 불러 그 손님에게 나 대신 사과를 하게 했다. 자초지종을 설명하고 깊은 사죄의 말씀을 드렸다. 일을 잘 수습해 비행이 무사히 끝났다고 안심했다. 그런데 그 손님은 비행기에서 내리자마자 공항에서 불만 중에서도 등급이 높은 핫 컴플레인(Hot Complaint)을 접수했다.

지점에서 올린 보고서를 보니 승무원이 양식 주문을 받아놓고 한식을 원하는지 잘못 들었다고 거짓말을 했다는 것이다. 본인은 메뉴판을 보며 손가락으로 가리키면서 주문을 했는데 잘못 들었다는 건 말이 안 된다고 하면서, 원하는 식사를 못 먹은 것은 아무 상관이 없지만 거짓말하는 것이 더 기분 나빴다고 했다. 순간 어안이 벙벙했다. 거짓말을 했다니?

사정인즉슨, 일본인 승무원이 '내가 손님의 식사를 다른 분에게 잘못 드렸다'라고 한 것을 '잘못 들었다'고 오역해 전달한 것이었다. 게다가 정작 내가 실수한 부분, 즉 원하는 식사를 못 드신 것은 아무런 상관이 없다니 정말 기가 막혔다. 제대로 의사전달이 되었으면 간단하게 마무리될 일을 엉뚱한 오해로 인해 상황을 더 악화시켰던 것이다. 결국 일본어를 하지 못했던 점이 그 손님에게 최악의 서비스를 제공한 원인이었다.

영어는 필수, 제2외국어는 선택

승무원 지원 자격요건에 나와 있는 영어 점수는 토익 550점 이상이다. 이 점수는 사실 다른 대기업 채용 기준에 비해 높은 편이 아니다. 토익 점수가 높다고 영어를 잘하는 것은 아니기 때문이다. 하지만 영어를 못해도 괜찮다고 생각하면 지금이라도 생각을 고쳐야 한다. 업무에 필요한 외국어는 잘하면 잘할수록 좋다. 영어는 적당히 하면 된다고 생각하고 외모를 바꾸기 위해 성형외과로 달려가는 지원자가 있다면 치맛자락이라도 붙들고 말리고 싶다. 얼굴에서 부족한 점은 미소로 커버할 수도 있다. 하지만 자신의 미천한 영어 실력은 기내에서 가감 없이 드러난다.

외국인에게도 한국인에게 응대하듯이 똑같이 정중한 말투로 서비스해야 한다. "Certainly(물론입니다).", "What would you like to have(뭘 드시고 싶으세요)?", "Could You~(~해 주시겠습니까)?", "I'm sorry to disturb you, but~(방해해서 죄송합니다만~)."처럼 서비스를 하며 쓰는 표현을 연습해야 한다.

상위 1% 승무원을 목표로 준비할 때는 어학 능력을 절대 빼놓아서는 안 된다. 오히려 어학 능력만큼은 꼭 안정권으로 끌어올려야 한다. 토익 점수도 올리고 여행 회화보다는 기내에서 필요한 말들을 모아 둔 항공 영어책으로 회화를 공부하자. 제2외국어도 하나쯤은 준비해두자. 원어민 수준으로는 안 되더라도 업무상 필요한 몇 마디 정도는 주고받을 수 있고, 면접 때 자기소개 정도 할 수 있으면 훌륭하다.

외국어 공부에는 왕도가 없다. 드라마나 영화 같은 재미있는 콘텐츠로 시작해 자신에게 필요한 상황을 연구해보자. 예를 들어 기내에서 일어나는 일을 대화문으로 만들어서 연습하면 더 효과가 크다. 연습하고 반복하다 보면 노력은 배신하지 않을 것이다.

업무의 핵심,
체력

2년간의 파격적인 휴가

승무원 취업을 준비하는 20대, 혹은 승무원 학과의 진학을 희망하는 10대의 입장에서는 아주 먼 미래의 막연한 이야기처럼 들릴지 모르지만 승무원이 누리는 복지 혜택을 하나 소개하고자 한다.

승무원은 임신 진단과 함께 그날로 모든 비행 스케줄을 정지시키고 임신 휴직에 들어갈 수 있다. 덕분에 임신 기간까지 포함하면 만 2년 남짓의 육아 휴직을 오롯이 쉴 수 있다. 같은 항공사에서도 일반 직군은 출산 휴가가 3개월밖에 되지 않아 출산 1~2달 전까지 만삭의 몸을 이끌고 회사에 출근해서 일해야 하는 것에 비하면, 승무원은 임신으로 본의 아니게 호사를 누린다는 부러움(?)을 사기도 한다.

회사에서 승무원이 예뻐서 휴가를 더 주는 것이 아니다. 그만큼 비행 근무가 체력적으로 쉽지 않은 일이라는 슬픈 반증이다. 임신 초기에는 아직 태아가 자리를 잡지 않아서 무조건 안정을 취해야 하는데 비행 근무의 특성상 여러 가지 체력적인 소모가 임신을 유지하는 데 치명적인 위험을 초래하기 때문에 당장 모든 스케줄을 정지시키고 휴직에 들어가야 하는 것이다.

바꿔 말하면 평소 비행 근무를 제대로 소화하기 위해서는 체력적인 뒷받침이 필수적이다. 승무원은 아주 건강하지 않으면 해낼 수 없는 직업이다. 그렇다면 승무원의 근무 특성 중에 신체적인 부담을 주는 요인들과 그것을 극복하는 승무원들의 노하우를 한 번 살펴보자.

시차의 문제

시차(時差, Time Difference)는 의학용어로는 '제트레그(Jet Lag), 시차증, 시차증후군'이라고 하는데, 현재 생활하고 있는 곳과 여행이나 출장으로 떠난 지역 간에 발생하는 시간 차이를 말한다. 우리 대뇌 아래에 있는 시상하부에는 시교차상핵이라는 곳이 있어서, 밤이면 잠들게 하고 아침에는 깨게 하는 생체시계의 역할을 한다.

시차가 문제가 되는 이유는 한국을 떠난 타지의 시차가 5~6시간 이상 벌어지면 신체가 인식하고 있는 생체시간과 방문지와의 부조

화로 '시차증후군'이 발생하기 때문이다. 이 때문에 밤에 잠들고 아침에 깨는 수면 리듬과 함께 체온·맥박·혈압 같은 신체 리듬이 모두 깨져서 불면증, 소화불량, 두통, 현기증, 집중력 저하, 기억력 감퇴 등 다양한 증상으로 나타나게 된다. 한마디로 한창 잠을 자야 할 시간에 깨어서 몸을 움직이기 때문에 일어나는 부작용들이다.

일반적으로 1시간의 시차가 회복되는데 평균 1일이 걸리므로 14시간의 시차가 있는 뉴욕을 가면 현지에서 14일, 돌아와서 14일이 지나야 몸이 회복되지만 승무원의 스케줄 패턴상 시차를 회복하기도 전에 또 다른 시차를 겪는 비행을 하게 된다.

밤샘 근무

평소 벼락치기 스타일로 공부하고 친구들과도 밤새 노는 편이라 밤새기에는 자신 있다는 사람들이 있다. 나도 그런 유형이어서 승무원이 되어서도 밤새는 것 하나는 자신 있었다. 하지만 우리 몸의 생체시계는 낮에 활동하고 밤에 자도록 설계되어 있고, 이 리듬에 맞춰 몸 속의 세포들이 활동하고 휴식을 반복하게 된다. 이 과정에서 신경과 호르몬이 균형을 이루게 되는데, 잦은 밤샘 근무를 할 경우 밤에 깨어있을 뿐만 아니라 신체적 노동으로 몸을 움직이게 되므로 몸의 밸런스가 무너지고 결국 자율신경계에 이상으로 이어져 건강을 해치게 된다.

신진대사율이 떨어져 체중이 증가하고 혈압이 상승하며 암 발병

률까지 높인다는 의학적인 정보는 차치하고서도, 밤을 새고 나면 낮잠을 충분히 자고 일어나도 몸이 회복되지 않아 두통이 일고 뭔가 공중에 붕 떠 있는 느낌이 든다. 동시에 땅이 꺼질 것 같은 피곤함과 무기력증은 겪어보지 않은 사람에게는 참으로 설명하기 어려운 힘든 증상이다. 게다가 시차와 밤샘이 동시에 이루어지는 패턴이어서 그 후유증이 중첩되면 아무리 오래 비행 생활을 해도 적응되지 않고 몸이 힘들다.

기압차와 소음

기압은 쉽게 말해 공기의 압력이며, 지상에서의 대기의 압력을 1기압(1 Atmosphere)이라고 한다. 높은 산에 올라가거나 고층 엘리베이터를 타면 귀가 먹먹해지는데, 고도가 높아질수록 기압이 약해지면서 외이와 내이 사이의 압력차가 발생하기 때문이다. 마찬가지로 국제선 항공기가 순항 중인 고도에서의 기압은 0.3기압 정도밖에 되지 않으므로 그 상태에 직접적으로 노출된다면 숨을 쉬기도 어렵다. 그러므로 비행기는 여압장치를 통해 0.8기압으로 끌어올려 승객들이 기내에서 호흡하는 데 지장이 없도록 하고 있다. 0.8기압은 고도로 본다면 한라산 백록담 정도(해발 5,500~6,500피트)의 높이에 머무르는 것과 유사한 환경을 만드는 것이다.

하지만 문제는 아무래도 1기압과 0.8기압 간의 차이로 인해 비행 중에는 혈액순환이 원활하지 않고, 몸이 붓는 경향이 있다는 것이다. 몸 안의 공기가 팽창하여 배가 더부룩해지고 소화도 잘 안 된다. 이착륙할 때는 고도변화에 따른 기압의 변화 때문에 항공성 중이염이 잘 생기기도 한다(최신 기종인 A350은 기압이 0.9 정도로 개선되어 보다 더 쾌적한 기내 환경을 제공하게 되었다).

소음도 스트레스 요인이다. 큰 항공기가 시속 900킬로미터 이상 날기 위해 뿜어내는 제트엔진의 소음, 기류가 기체에 부딪치는 바람 소리, 기내 에어컨디셔닝 시스템에서 발생하는 소음까지 크고 작은 소음을 많이 듣게 된다. 많은 사람들이 장거리 비행 후 소음으로 인한 이명현상을 경험했다는 보고도 있다.

생존을 위한 체력 관리

이쯤 되면 승무원들은 살기 위해 운동을 해야 한다. 비행을 하고 싶어도 몸이 마음먹은 대로 빨리 회복되지 않아 장기 병가로 이어지면서 발을 동동 구르는 승무원들을 많이 보았다. 체력은 한 번 무너지면 회복이 어려우므로 평소에 꾸준히 관리해야 한다. 피트니스뿐만 아니라 요가, 필라테스, 수영, 수상스키 등 각자 본인에게 맞는 운동을 정해 꾸준히 하는 것이 승무원 체력 관리의 비결이다.

이 밖에도 기내에서는 혈액순환을 위해 물을 많이 마시고 간단한 스트레칭을 하거나 기내의 통로를 자주 걸어 다니기도 한다. 시차 적응을 위해 현지에서도 되도록이면 한국 시간에 맞춰서 생활하며 잘 때는 햇빛이 방에 들어오지 않도록 암막 커튼과 안대를 이용해 깜깜한 밤처럼 만들어 수면의 질을 높이는 방법 등 각자의 노하우를 만들어 이를 극복하고 있다.

드라마 〈미생〉에서는 주인공의 스승이 바둑을 가르치며 "네가 이루고 싶은 게 있다면 체력을 먼저 길러라"라고 충고한다. 장기전의 바둑에서도 정신력을 받쳐줄 무기는 체력이며, 체력이 약하면 인내심도 무너진다는 말이다. 승무원이 되고 싶다면, 승무원으로 일하고 싶다면, 체력을 먼저 길러야 한다.

통찰력을 키우는 독서력

천재는 모범생이 아니다?

우리는 흔히 천재의 반전 이야기에 흥분하곤 한다. 25세에 상대성이론으로 노벨물리학상을 받은 아인슈타인이 학교에서는 낙제점수를 받았다는 사실, 마이크로소프트사의 창업주이자 1995년부터 2017년까지 거의 줄곧 세계 갑부 순위 1위를 차지했던 빌 게이츠(Bill Gates)가 대학교를 중퇴한 고졸 학력의 소유자라는 사실, 미국 제조업의 아이콘 제너럴일렉트릭사의 창업주이자 발명왕으로 더 잘 알려진 에디슨이 어린 시절 퇴학을 당할 만큼 괴짜였다는 이야기들에 귀가 솔깃하다. 어쩌면 이런 이야기를 통해서 그들의 업적으로 볼 때 일반인이 닿을 수 없는 '넘사벽' 같은 사람들에게서 '천재도 어쩔 수 없는 인간이구나'라는 일말의 위안을 얻는 것인지도 모른다.

하지만 사람들이 잘 모르는 것이 하나 있다. 그리 특별하지 않았던 사람들을 위대한 천재로 만든 아주 평범한 비결에 대한 것이다. 그것은 바로 다름 아닌 독서다. 아인슈타인이 학교에서 낙제 점수를 받고 빌 게이츠가 대학교를 중퇴하고 에디슨이 결국 학교에서 퇴학처분을 당한 것으로 볼 때 그들은 학교에서 분명 성적이 좋은 상위권의 모범생은 아니었을 것이다. 단순히 그들이 공부와는 거리가 멀다고 생각할 수도 있겠지만, 분명한 것은 그들이 하나같이 소문난 독서광들이었다는 사실이다. 독서를 많이 하는 사람들이 모두 다 꼭 성공하는 것은 아니다. 하지만 성공한 사람의 대부분은 독서에 아주 깊숙이 심취한 사람들이라는 것에 주목할 필요가 있다.

독서가 왜 필요할까?

쏟아지는 미디어의 영향으로 책을 읽는 사람은 갈수록 줄어들고 있다. 2년에 한 번씩 조사하는 '국민독서실태조사'에 따라 지난 2019년 문화체육관광부가 발표한 내용을 살펴보면 우리나라 성인 10명 중 4명이 1년에 책을 한 권도 읽지 않은 것으로 나타났다. 이는 역대 최저치다. 평균 독서율도 두 달에 1권을 읽을 정도로 계속 떨어지고 있다.

문해력은 '글을 읽고 이해하는 능력'이다. OECD가 22개 가입국을 대상으로 조사한 '문서해독 능력 비교'에 따르면 우리나라 성인의 실질적 문해력은 최하위로 부끄럽게도 꼴찌 수준이다. 반면 우리나라 문맹률은 0.2%로 매우 낮다. 이는 결론적으로 우리나라 국민은 글자를 읽을 줄만 알지 무슨 뜻인지 그 의미를 정확하게 이해하지는 못한다는 뜻이다. 이것은 낮은 독서량과 깊은 연관성이 있다.

4차 산업혁명 시대를 운운하며 AI에게 명령을 내리면 필요한 것은 무엇이든 얻을 수 있고, 스마트폰 검색 한 번으로 모든 정보를 접할 수 있는 시대에 굳이 독서의 필요성을 못 느낀다는 사람도 있다. 책을 읽지 않아도 아무런 불편함이 없는 세상에 왜 꼭 책으로 정보와 지식을 습득해야 하는지 의문을 갖는 사람도 있다. 승무원을 준비하는 과정에서도 외국어 공부, 체력단련, 자세, 표정, 목소리 교정, 예상 면접 질문에 대한 답변 준비 등으로 아주 바빠서 독서는 오히려 사치라고 생각할지도 모른다. 하지만 독서를 하면 정신적 기초체력을 튼튼히 다질 수 있고, 상위 1%가 되기 위한 남다른 통찰력을 가질 수 있다.

어떤 사람이 승무원으로 뽑힐까?

항공사에서는 승무원이라는 직업에 이 사람이 얼마나 걸맞은 자질을 가지고 있는지 판단해서 승무원을 뽑는다. 승무원이 되기 위해 면접 연습을 열심히 하는 사람들에게는 미안하지만, 기본적인 자질을 갖추지 않은 상태에서 하는 면접 연습은 진정한 실력의 함양과는 상관없는 얄팍한 스킬만 늘리려는 편법이다. 마치 토익 학원에서 문제 푸는 요령만을 배워 공부한 사람들이 진짜 영어 실력은 늘지 않는 것처럼 말이다.

그렇다면 승무원으로서 진정 갖춰야 할 자질은 어떤 것들이라고 생각하는가? 먼저 많은 사람들을 대해야 하는 직업이므로 좋은 인성과 겸손, 타인에 대한 배려심을 갖춰야 한다. 문제 상황에 대한 대처 능력을 가져야 하므로 위기 대응에 적합한 합리적인 사고방식이 중요하다. 승객의 안전과 편의를 책임지므로 자신감과 상황 판단능력, 직원들 간의 의사소통과 고객 응대를 위한 말솜씨 등 수많은 자질들이 필요하다.

독서는 차별화 전략의 필살기

앞서 언급한 자질들은 타고나는 것도 아니고 단기간에 얻어지는 것도 아니다. 바로 오랜 기간 좋은 교육과 훈련을 통해 길러지는 것이다. 단언컨대, 그 좋은 교육과 훈련이라는 것이 바로 독서다. 조지 워싱턴, 에이브러햄 링컨, 버락 오바마에 이르기까지 미국의 성공한 대통령은 하나같이 책벌레였으며, 빌 게이츠, 워런 버핏, 오프라 윈프리도 독서광이다. 세종대왕, 정약용, 김구, 안중근과 같이 우리나라 위인들도 평생 책을 끼고 살았다.

독서는 개인적으로 만나기 어려운 훌륭한 스승을 만날 수 있게 해주고 세상을 헤쳐나가는 지식과 지혜를 손쉽게 얻을 수 있게 해준다. 독서를 하면 할수록 지식은 쌓이고, 그 지식은 사고의 깊이를 키워 통찰력을 키워주며 나아가 자신감까지 상승시킨다. 이러한 내면의 상태가 면접장에서는 물론, 승무원이 되어서 일을 수행하는 매 순간 나를 빛나게 해줄 강점이 된다.

또 다른 독서의 가장 확실하고 강력한 효과는 독서를 많이 할수록 글을 읽는 속도가 빨라지고, 독해력과 이해력이 향상된다는 것이다. 독서를 많이 하는 사람일수록 면접장에서 어떤 질문을 받아도 핵심을 정확하게 파악하여 엉뚱하게 답하는 일이 없어진다. 의외로 면접장에서 면접관의 질문을 제대로 이해하지 못하고 예상질문 대비용 답변을 하는 바람에 동문서답으로 말하는 경우가 많다. 면접관의 질문 의도를 이해하지 못하는 것은 가장 큰 감점 요인이 된다.

독서를 하면 글쓰기 실력도 좋아지고 생각을 정리해 자신의 의견을 조리 있게 잘 표현할 수 있게 되므로 말을 잘하게 된다. 항공사 취업을 위해 거의 모든 관문, 예를 들어 자기소개서를 준비하고 면접을 보는 한 단계 한 단계가 모두 글쓰기 실력과 자신의 생각을 분명히 표현하는 능력이 절실히 요구된다. 취준생 모두가 준비하는 식상하고 뻔한 대답이 아닌 상대방의 가슴에 깊은 울림을 줄 수 있는 한마디를 남길 수 있는 능력을 키우려면 무엇보다도 독서를 해야 한다.

경쟁력이 되는 취미생활

크리에이터? 인플루언서? 유튜버라는 직업!

유튜브가 대세다. 1인 미디어를 만드는 사람들은 크리에이터라는 신종 직업을 만들어 연예인 못지 않은 인기를 누리는가 하면, 유튜버는 초등학생의 장래 희망으로 급부상했다. 이들을 일컫는 다른 표현인 인플루언서(Influencer)라는 말의 뜻처럼, 유튜버들은 사적인 취미생활을 다양한 콘텐츠로 만들어 다른사람들에게 영향을 준다.

유명한 유튜버 '대도서관'은 화려한 스펙도 경력도 없이 고졸 학력으로 서른 살을 훌쩍 넘겨서 유튜브에 입문했지만 현재는 170만 명의 구독자를 거느리며 연봉 19억을 벌어들이는 톱 크리에이터(Top Creator)가 되었다. 그가 멀쩡한 직장을 그만두고 수입 한 푼 없는 인터넷 방송을 시작했을 때 주변 사람들은 쓸데없는 짓을 한다며 모두 만류했다. 하지만 지금은 그 '쓸데없는 짓'을 통해 1인 미디어의 선구자이자 '유튜브의 신'이라 불린다. 그는 이렇게 말한다.

"세상에 쓸데없는 일이란 없다. 나를 키운 8할은 쓸데없는 짓이다. 남들이 쓸데없는 짓 한다며 혀를 끌끌 차는데도 굳이 열심히 하는 이유는 그 일이 재미있고 신나기 때문이다."

그의 말처럼 당장 어떤 성과를 내지 않아도 내가 좋아서 시간을 보내는 일, 그것이 바로 취미생활이다.

취준생, 취미활동을 나만의 강점으로 내세워라

취미활동은 일상생활을 풍요롭게 만들 뿐 아니라 평범한 사람들 속에서 자신을 반짝반짝 빛나게 하는 나만의 경쟁력으로 거듭나기도 한다. 실제로 승무원 면접에서 만난 지원자들을 보면 여러 가지 취미활동을 통한 다양한 경험을 소개하는 경우가 많다. 요가, 필라테스, 합기도, 유도 같은 운동이 취미라는 지원자는 운동으로 다져진 강인한 체력과 정신력을 장점으로 내세우기도 했고, 여행을 좋아하는 지원자는 많은 나라를 여행하기 위해 어학 공부를 하게 되었다고 이야기했다. 책 읽기를 좋아하다 보니 모든 사람이 불편함 없이 책을 마음껏 읽었으면 하는 마음에서 시각장애인을 위한 오디오북 제작에 낭독자로 참여해 재능기부를 했다는 사람도 있었다.

승무원은 전공을 가리지 않고 모집할 정도로 특정한 지식이나 기술을 갖춘 사람보다는 직무를 수행하는 데 필요한 인성과 기본기를 갖춘 사람을 뽑는다. 업무를 수행하는데 필요한 지식과 훈련은 입사 후에 2~3개월에 이르는 소정의 기간 동안 충분히 이뤄지므로 면접 과정에서 다양한 경험을 강조하는 것은 상당히 도움이 된다.

승무원, 취미활동을 나만의 전문영역으로 발전시켜라

승무원이 되고 나서는 취미활동을 더욱 전문적으로 이어나갈 수 있는 기회가 더 많이 열려있다. 많은 승무원은 해외 체류 기간을 통해 패키지 여행에서는 가볼 기회가 없는 곳을 찾아다니거나, 관심사에 따라 미술관, 박물관을 집중적으로 방문하면서 예술에 대한 안목과 지식을 키우는 승무원도 있다. 혹은 사진 촬영을 취미로 가진 승무원은 이국적인 장소를 찾아다니며 많은 작품활동을 할 수도 있다.

그 밖에도 사내 동호회에 가입하여 취미활동의 영역을 더 넓히기도 한다. 회사 내에서 골프, 축구, 탁구 동호회처럼 운동을 함께 하는 모임, 사진동호회, 봉사동호회, 밴드동호회, 와인동호회 등 많은 모임에서 취미를 공유할 수 있다. 동호회에서는 직장 상사, 부하의 상하관계를 떠나 인간적으로 교류하며 직장 내 인맥을 쌓고 끈끈한 유대관계를 다지게 되니 그들과 함께 하는 비행 업무도 더욱 즐겁게 된다.

취미로 배운 기술은 업무에 적용되기도 한다. 기내 서비스 중에는 '특화서비스'가 있다. 전문 기술이나 자격증을 가진 승무원들이

팀을 이루어 일반적인 기내 서비스에 특별한 서비스를 더 제공하는 것이다.

'바리스타 팀'은 커피 전문가인 승무원이 핸드드립 커피를 서비스하기도 하고, 와인 소믈리에 자격증을 갖춘 승무원들로 이루어진 '소믈리에 팀'은 손님들에게 다양한 와인의 시음 기회와 교육을 제공하기도 한다. 그 외에 캐리커처를 그려주는 팀, 타로점을 봐주는 팀, 승무원 유니폼을 착용하고 사진을 찍어주는 승무원 체험팀, 마스크팩을 서비스하는 팀, 기내 패션쇼를 선보이는 팀, 마술 공연을 펼쳐 보이는 팀 등 많은 승무원들이 취미생활로 시작하여 갈고 닦은 기량으로 손님들에게 즐거움을 제공하고 있다.

취미를 전문적인 사업이나 직업으로 발전시키는 사람들인 '하비프러너(Hobby-preneur)'처럼 아예 전문성을 갖춘 승무원들도 늘어나고 있다. 비행 전후 여가시간을 이용해 요가나 필라테스, 필록싱(필라테스+복싱의 합성어로 두 가지 운동의 장점을 결합한 새로운 형태의 운동), 스쿠버다이빙 등의 강사 자격증을 취득하는 것은 물론이고, 그중 몇몇은 회사의 허가를 받고 사내 직원을 대상으로 강좌를 열기도 한다.

최근에는 SNS를 적극적으로 이용하는 SNS스타 승무원들도 있다. 이를 통해 광고 수익을 얻는가 하면, 인터넷 쇼핑몰에서 옷이나 패션 소품을 협찬받아 비행으로 간 해외 체류지에서 멋진 사진을 찍는 쇼핑몰의 피팅 모델이 되기도 한다. 이 같은 경험을 가지고 회사에서 퇴직한 후 창업의 길로 나서 제2의 인생을 펼치는 진정한 '하비프러너' 승무원도 있다.

인생의 대반전으로 연결되는 취미 한 점

스티브 잡스(Steve Jobs)는 스탠포드 대학의 졸업 축사에서 자신의 대학 시절을 회상하며 이렇게 말했다.

"My story is about connecting the dots(내 이야기는 점들을 연결하는 것에 대한 것입니다)."

스티브 잡스는 경제적인 이유로 대학을 중퇴한 후에 마음에 드는 강의를 이것저것 도강했는데, 그중 그의 마음을 끄는 강의가 캘리그라피 수업이었다. 아름다운 서체를 연구하고 만드는 이 수업에 단순한 흥미를 느껴서 빠졌을 뿐이었지만, 이 수업은 10년 후 그가 '매킨토시'라는 개인용 컴퓨터를 개발할 때 가장 혁신적인 영감을 불어넣었다.

잡스는 매킨토시를 "최초의 아름다운 서체를 가진 컴퓨터"라며 자랑스러워했다. 경쟁업체에서 단순히 컴퓨터를 '계산하는 기계'로 여기고 성능에만 신경 쓸 때 그는 기능과 디자인을 결합한 차별화된 컴퓨터를 만들어 히트시켰던 것이다.

'Connecting the dots', 점이 모여 선이 되듯이 과거에 한 일들이 이어져 현재를 만든다. 그의 말처럼 점은 과거로 연결되지만 미래로도 연결될 수도 있다. 내가 관심을 갖고 있는 일이 미래의 나에게 어떤 도움이 될지 당장은 알 수 없지만, 즐겁게 시간을 보내는 지금 이 순간이 빛나는 미래와 연결되는 점(Dot)이 될 것임은 확실하므로 마음껏 즐기자. 취미생활도 충분히 경쟁력이 될 수 있다.

여행의 기술 - 승무원은 어떻게 여행할까?

승무원도 당일치기 출퇴근을 한다

승무원들은 얼마나 여행을 할까? 일하면서 여행도 실컷 하니 승무원이라는 직업의 최대 장점을 해외여행으로 꼽기도 한다. 하지만 이건 반은 맞고 반은 틀리다.
일단 매 비행마다 여행을 할 수는 없다. 안타깝게도 일본, 중국, 비행시간이 4시간 이하인 동남아 노선 등 단거리 구간은 거의 현지에 체류하지 않는다. 심지어 비행기에서 내리지도 않고 곧바로 돌아오기 때문에 퀵턴(Quick Turn)이라 부른다. 공항에 도착하자마자 다음 비행 준비, 즉 청소, 기내식 탑재, 정비 등이 1~2시간 안에 신속히 이루어지며 공항에 대기 중이던 승객들을 태우고 다시 한국으로 돌아온다. 간혹 그날의 마지막 편수라 밤늦게 현지에 도착하는 경우에는 호텔에서 하룻밤 정도 묵기도 하지만 체류 시간이 너무 짧아 잠만 자고 오는 경우가 대부분이다.

비행 = 여행이 될 수도 있는 레이오버

진짜 승무원다운 여행은 비행시간 4시간 이상인 중장거리 노선에서 즐기는 레이오버(Layover: 현지에 체류하는 비행)에서 시작된다. 하지만 여기서도 한 가지 큰 장애물이 있는데 바로 '체력'이다. 승무원의 업무는 기내에서 이루어지고 현지에 체류하는 시간은 긴 비행시간을 마치고 가져야 하는 의무적인 휴식 시간임을 감안하면 피곤해서 돌아다니고 싶어도 못 돌아다닌다. 또한 현지에 도착하는 것으로 업무가 끝나는 것이 아니라 돌아오는 비행을 위한 체력 안배도 해야 하므로 현지 호텔에서 출발하기 전 최소한 몇 시간은 낮이건 밤이건 잠을 자두어야 한다. 그래서 이래저래 앞뒤로 쉬고 나면 여행할 수 있는 시간은 생각보다 길지 않다.

여기서 승무원들의 개인차가 발생하는데, 체력이 뒷받침되고 여행에 대한 열정이 남다른 승무원들은 잠자는 시간을 더 쪼개서 알차게 여행한다. 남들은 돈 주고 오는 곳인데 여기까지 와서 이국적인 풍경과 관광명소를 지척에 두고 호텔 방 암막 커튼을 친 깜깜한 방에서 잠만 자기는 너무나 아까운 일이기 때문이다.
짧으면 짧은 대로 길면 긴 대로, 계획이 있건 없건, 안 가본 곳을 가보기도 하고 갔던 곳을 또 가면서 새로운 재미를 찾기도 한다. 이번 비행에서 못 해본 것은 다음 비행이 또 있을 테니까. 가벼운 마음으로 현지 볼거리, 먹거리 혹은 쇼핑을 즐기고 나면 다음 비행을 위한 휴식보다 더 큰 재충전이 되기도 한다. 서로 좋았던 곳은 비행 중이나 SNS로 공유하면서 입소문을 타고 승무원만 찾는 '핫 플레이스'가 생겨나기도 한다. 아무리 알차게 시간을 보냈어도 체류 일정이 끝나고 다시 호텔을 떠날 때면 집으로 돌아간다는 반가운 마음 한편으로 매번 아쉬운 마음이 들기도 한다. 하지만 '다음에 또 오지 머.'라며 아직 나오지도 않은 다음 스케줄을 기약한다.

휴가 때도 할인받는 승무원의 진짜 여행

그렇다면 취항지가 아닌 곳은 어떻게 여행할까? 승무원은 기본적으로 한 달에 8~10일 정도 데이오프(Day Off: 쉬는 날)를 받는다. 쉬는 날은 비행 패턴에 따라 다르기 때문에 주중, 주말 상관없이 매우 불규칙적이다. 그렇지만 데이오프 외에 평균적으로 1년에 15일 이상 지급되는 연차 유급휴가(근속연수에 따라 20일이 넘는 경우도 있다)를 잘 이용하면 직원 할인가의 저렴한 비행기 티켓으로 원하는 곳을 마음껏 여행할 수도 있다.
내가 근무하는 아시아나항공에서는 직원 할인티켓을 '존 페어(Zone Fare)'라고 부르는데 회사마다 명칭이 다르긴 하나 거의 모든 항공사의 승무원에게 주어지는 가장 큰 혜택임에 틀림없다. 물론 승무원에게만 해당되는 것은 아니고 항공사 직원이라면 일반 사무직이건, 정비, 공항 등 모든 부서 직원과 그의 가족들이 누릴 수 있는 공통의 복지혜택이다.
존 페어 항공권은 항공료의 90% 정도가 할인되어 10% 가격만 지불하면 된다. 대신 좌석 예약이 불가능하고 승객이 모두 체크인(Check-In)을 한 후 남은 좌석에 한해 우선순위에 따라(Priority: 입사일 순서로 우선순위가 정해진다) 탑승할 수 있다. 예약이 가능한 티켓은 일반 항공료의 50%가 할인되며 공항에서 기다릴 필요 없이 일반 승객과 함께 체크인도 가능하다. 그 밖에 여러 가지 경우에 무료항공권도 지급된다. 부모님(배우자의 부모님도 포함된다)이 만 60세가 되면 국내선/국제선 각각의 왕복 노선을 무료로 이용할 수 있는 효도항공권, 신혼여행 항공권, 15년 이상 근무한 직원에게는 국내선 왕복항공권, 20년 이상부터는 5년마다 국제선 왕복항공권이 제공되며 좌석 예약도 가능하다.

또한 인터라인(Interline: 서로 다른 항공사가 제휴를 맺고 각각 운항하는 노선을 연계해 항공권을 한데 묶어 판매하는 협력 형태) 협정을 맺은 항공사와는 직원 할인 티켓도 공유하기 때문에 다른 외국 항공사도 싸게 이용할 수가 있다. 예를 들어 유럽 여행을 할 때도 정해진 기간에 무제한으로 이용할 수 있는 유레일패스 같은 기차표보다 인터라인 항공권으로 비행기를 타는 것이 더 싸기 때문에 휴가를 내고 일주일 이상씩 여행을 할 때는 도시와 도시 간의 이동 시 요긴하게 쓰인다.

승무원이 뽑은 여행지

거의 매년 항공사나 여행사에서는 승무원이 뽑은 여행지 순위를 발표한다. 각자의 취향과 목적에 따라 선호하는 여행지도 다르겠지만 승무원이 선호하는 여행지 순위에 항상 이름을 올리는 도시는 있다. 그중 대표적인 여행지 Top3를 꼽았다.

1. 하와이

일 년 내내 따뜻하고 습하지 않은 천혜의 날씨 속에 쭉쭉 뻗은 야자수, 감촉마저 부드러운 고운 모래 백사장이 펼쳐진 푸른 와이키키 해변에서 서핑을 즐기는 사람들, 해양 스포츠의 천국인 이곳에서 시원한 바람을 맞으며 달콤 향긋한 '빅 웨이브' 맥주 한 잔을 즐기고 있자면 여기가 지상낙원이구나 싶다. 풍부한 먹거리에다 우리나라보다 저렴한 가격에 구입할 수 있는 쇼핑 아이템이 그득하다. 그 밖에도 아름다운 일출과 하와이가 한눈에 들어오는 '다이아몬드 헤드(Diamond Head)'에 오르거나 영화 〈쥬라기 공원(Jurrassic Park)〉을 촬영했던 '쿠알로아 목장(Kualoa Ranch)'에서 말을 타고 둘러보면 산과 바다가 어우러진 독특한 아름다움을 만날 수 있다.

2. 방콕

어느 날 한 선배가 이해할 수 없다는 듯이 말했다. 입사하고 십수 년이 넘도록 방콕 비행은 항상 대형 기종에 만석인데, 대한항공에 타이항공의 직항노선 승객까지 합해 매일 몇 천 명의 승객이 방콕을 다녀갔으면 이제 우리나라에서 방콕 안 가본 사람은 없는 것 아니냐고. 그런데 어떻게 아직도 방콕 노선은 매번 만석이냐고. 하지만 비행은 힘들어도 여행지로서 방콕은 승무원들에게도 인기 만점이다. 비행시간도 5시간 정도로 길지 않고 미식, 관광, 휴양을 한곳에서 모두 즐길 수 있는 데다 물가도 저렴해서 오래전부터 사랑받아 온 곳이다. 최근에는 최고층 루프탑 전망대인 마하나콘 스카이워크(Mahanakhon Sky Walk)나 태국 바리스타 대회 챔피언이 운영하는 팩토리 커피(Factory Coffee) 등 명소들로 여행자들을 더욱 만족시킨다.

3. 시드니

시드니에 도착해 공항을 나설 때면 언제나 청명한 공기와 따사로운 햇살이 반갑게 맞아준다. 촘촘하게 짜인 알찬 여행 일정을 소화하는 것도 나름의 즐거움이 있지만, 자연과 도시의 풍경이 공존하는 시드니에서는 살랑살랑 불어오는 상쾌한 바람을 맞으며 온전히 발길 닿는 대로 이곳저곳을 걸어 다니며 여유를 즐길 수 있다. 편안한 운동화와 선글라스, 이어폰을 끼고 좋아하는 음악을 들으며 오페라 하우스와 하버브리지가 있는 서큘러 키(Circular Quay)에 가면 부드러운 카페라테 한 잔을 즐기고 오페라 하우스 옆에 위치한 로열 보타닉 가든(Royal Botanic Gardens)에서 조깅이나 산책을 하는 것도 좋다. 초기 이민자들이 시드니에 처음 정착한 장소인 더 록스(The Rocks)는 아직 아기자기한 건물들이 아름답게 어우러진 옛 모습을 그대로 간직하고 있어 유럽에서나 느낄 수 있었던 이국적인 정취를 느끼게 해 준다.

4장

프로 승무원으로 한 걸음 더 나아가라

CODE 1

다양하게 경험하며 전문성을 키워라

당신의 꿈은 무엇입니까?

아이들에게 흔히 꿈이 뭐냐고 물으면, 연예인, 의사, 선생님, 유튜버 등의 직업을 대답한다. 질문하는 사람도 그런 대답을 기대했다는 듯이 당연하게 받아들이는데, 나는 좀 이상했다. 자신이 원하는 그 직업을 가지면 꿈을 이룬 것일까? 그 직업을 통해 이루고 싶은 것, 해내고 싶은 것이 진짜 꿈이지 않을까? 왜 '꿈=직업'의 공식을 대부분의 사람들이 당연하게 생각하게 되었을까?

항공사 승무원을 꿈꾸는 사람이라면 항공사에 입사하는 것으로 꿈을 모두 이뤘다고 할 수 있을까? 천만의 말씀. 나는 그렇게 생각하지 않는다. 승무원이 된 순간은 겨우 달리기 경주에서 출발점에

서서 출발을 알리는 총소리를 기다리는 순간일 뿐이다. 승무원이 되기 위해 치열하게 준비했던 과정은 달리기 선수가 경기에 출전하기 위해 하는 피나는 훈련일 뿐이다. 훈련 자체가 경기가 아니듯이, 진짜 경기는 승무원이 된 이후부터 시작된다. 다시 말해 합격의 기쁨을 안고 항공사에 입성하는 것, 그것은 바로 새로운 출발점이다. 따라서 승무원이 된 이후의 커리어에 대해 미리 생각하고 준비하는 사람과 아무런 준비 없이 입사한 사람은 승무원이 된 이후 경력관리에서 현격한 차이가 날 수밖에 없다.

현실은 동화와 다르다

안타깝게도 나는 처음 입사했을 때 입사 이후의 경력관리에 대해서는 무지했다. 꿈을 이뤘다는 생각에 들떴고, 앞으로 모든 일이 술술 풀려나갈 것만 같았다. 동화 속 이야기처럼 '그 후로 오래오래 행복하게 살았답니다'로 마무리될 거라고 생각했다.

기쁨은 잠시였고, 현실은 한마디로 냉혹했다. 매 비행 후 매겨지는 기내 평가 점수가 형편없었다. 원래 낯가림이 심한 성격인데 다 정신 없이 일에 몰두하다 보면 나도 모르게 심각해져 미소는 사라졌고 일이 서툴러 허둥대는 모습을 보였다. 비행 때마다 애티튜드에 좀 신경 쓰라는 지적을 받았는데, 그런 프로답지 못한 모습이 기내 평가 점수가 깎이는 원인이었다.

학교에는 생활기록부가 있듯이 회사에는 인사고과가 있어서 기내 평가, 자격점수 등 나에 대한 모든 이력이 데이터화(化)되어 고스란히 남게 된다. 차곡차곡 쌓이는 내 형편없는 기내 점수를 보니 큰일이 났다 싶었다. 비행 때마다 단점을 고치려고 더욱더 마음을 다잡고 노력했지만 하루아침에 기내 평가 점수가 갑자기 좋아지지는 않았다.

고민 끝에 나름 핸디캡을 극복하려는 방법으로 인사고과의 다른 항목인 외국어와 기내 방송 등급을 올려서 기내 평가로 깎인 점수를 만회하려고 했다. 취업 준비로 했던 토익 공부를 취업 후에도 해야 하는 현실이 서글펐지만, 쉬는 날이나 해외 체류 중에는 호텔 방에서도 수험생처럼 토익 책을 붙잡고 공부했다. 기내 방송도 녹음 파일을 열심히 듣고 따라 하면서 연습했다. 그 결과 토익 점수는 입사 전보다 더 높은 900점을 훌쩍 넘겨 1등급이 되었다(사내 기준으로 830점 이상이면 1등급 자격이 주어지고 매달 어학 수당도 받을 수 있다). 방송 시험에도 계속 응시해서 결국 기내 방송 자격을 1급으로 올렸다.

모두가 기피하는 어려운 일이 바로 기회다

단순히 평균 점수를 만회하려고 시작한 일이었지만 자격 갱신은 우연한 기회로 연결되었다. 교육훈련원에서 교관으로 근무하던 시절이었다. 항공사 평가기관이자 저명한 항공 관련 잡지사 중의 하나인 GT(Global Traveler)사의 CEO가 훈련원을 방문하게 되었다. 매년 우수 항공사를 선정해 시상하는 기관인 만큼 CEO에게 좋은 이미지를 남기는 것이 중요했다. 그런데 VIP 방문 시 훈련원 안내와 통역을 담당하던 선배 교관이 임신 휴직으로 자리를 비우게 되었다.

훈련원 시설과 교육이 진행 중인 학과장을 하나하나 돌아다니며, VIP를, 그것도 미국인에게 어떤 교육 프로그램인지 알려주고 옆에서 가이드처럼 설명해야 하는 자리여서 이제껏 해왔던 사람이 아니면 부담스러울 수밖에 없었다. 그런데 담당자가 휴직으로 공석이 되니 새로운 사람이 갑자기 맡아야 했다. 아무도 선뜻 나서는 사람이 없는 상황에서 팀장님은 나를 지목했다. 이유는 바로 토익 점수 때문이었다. 토익 점수와 통역은 별개라고 말하며 거절하고 싶은 마음이 굴뚝같았지만 거절할 자신마저도 없었다.

하는 수 없이 교육훈련원의 시설, 훈련 프로그램 등에 관한 자료를 수집해 사전을 찾아가며 영작했고, 몇 날 며칠을 무작정 외우고 또 외웠다. 'CEO 일행은 물론이고 우리 회사 임원들도 다 함께 있는 자리에서 말이 막히거나 실수를 하게 된다면……'이라는 생각만 해도 아찔해져 도망이라도 치고 싶은 심정이었다.

결전의 시간은 어김없이 다가왔고 무슨 말을 어떻게 나눴는지 모를 정도로 정신 없이 지나갔다. 다행히 큰 실수 없이 행사는 잘 마무리되었고, 그 이후로 나는 외부에서 손님이 올 때마다 훈련원 안내를 담당하게 되었다.

일복이 터질 때일수록 'Yes'라고 외쳐라

어떤 일을 맡게 되든 처음에는 힘들고 어렵지만 몇 번 경험을 거치다 보면 익숙해진다. 그러다 보면 '어차피 똑같은 월급을 받을 텐데' 하는 회의감에 부담스럽고 힘든 일은 점점 기피하게 되고 익숙하고 쉬운 일만 하고 싶을 때가 있다. 하지만 익숙한 일만 하다 보면 조직에서 내가 설 자리는 점점 줄어든다. 할 수 있는 일에만 안주하다 보면 내 숨은 역량을 보여줄 기회도 다시 내게 주어지지 않는다.

숫기 없고 부끄럼 많은 내가 기내에서 전통의상을 입고 패션쇼를 펼치는 특화팀에 합류하자는 제의를 받았을 때도, 유럽 시장의 안정적인 진출을 위한 오랜 숙원사업이던 프랑스 파리 취항 당시 파리에 머물면서 지역문화를 공부하라고 했던 '지역전문가 과정'의 기회가 왔을 때도, 그 인연으로 인해 원어민이 아닌데도 불구하고 프랑스어 기내 방송 교육을 담당하는 일이 주어졌을 때도, 내 대답은 언제나 'Yes'였다.

아무도 가보지 않은 길에 처음 발을 내딛는 일은 두려움이 앞서는 일이다. 자신감이 바닥에 떨어지고 앞은 막막하다. 하지만 입장을 바꿔 생각해보면 회사 입장에서도 막막하기는 마찬가지다. 선례가 없는 일을 추진할 때 그 결과를 누가 자신할 수 있겠는가. 회사도 그 일을 맡은 직원에게 전적으로 맡길 수밖에 없는 모험을 감수하는 것이다.

어떤 직원이 잘 해낼 수 있을지 확신할 수 없는 상황에서 기꺼이 하겠노라고 'Yes'를 외치는 직원이 있다면 회사도 할 수 있는 한 최대한의 지원을 아끼지 않는다. 다음에 또 어려운 상황이 벌어지면 회사에서 필요로 하는 사람은 바로 'Yes'라며 나섰던 그 직원일 것이다. 당장은 조금 밑지는 것 같지만 어려운 일을 피하지 않았던 용기와 수고는 다양한 경험을 통해 길러진 전문성이라는 보상으로 돌아온다. 또한 어려운 업무를 잘 해내면 회사의 신뢰와 인사고과 평가나 진급을 덤으로 챙길 수도 있다.

승무원이 되어 십수 년이 흐른 지금 나는 스스로 깨기 힘들었던 틀을 깨고 나와 승무원이 되기 전의 모습과는 완전히 달라져 있다. 승무원이 되기 전의 나는 내성적이고 소심한 성격에 자존감도 낮고 엄청난 외모 콤플렉스를 가진 못난이였다. 지금은 사람들과 마주치면 자동반사적으로 먼저 눈웃음을 지으며 인사하는 사교적인 성격으로 바뀌었고, 심지어 사람들 앞에서 강의도 할 수 있게 되었다.

승무원을 선망하며 꿈꾸었던 워너비의 모습에 다가선 나의 변화가 스스로 생각해도 대견하고 만족스러우니 이만하면 꿈을 이루었다고 할 수 있지 않을까? 다시 한 번 강조하지만 일복이 터질 때일수록 'Yes'라고 외치자.

럭셔리 애티튜드를 갖춰라

완벽한 인생의 조건이란

승무원들이 가장 많이 쓰는 단어 중의 하나가 '애티튜드'다. 이 말을 입사하고 귀에 못이 박힐 정도로 많이 들었다. 서비스 교육 시간에는 '100점짜리 인생을 만드는 법'이라며 알파벳 A~Z까지 1부터 26까지의 숫자를 매치해서 스펠링에 해당하는 점수를 다 더하면 Luck(행운)은 47점, Money(돈)는 72점, Knowledge(지식)는 96점이지만 Attitude는 100점이라는 난센스 같은 논리를 내세워 완벽한 인생의 조건에서 가장 중요한 것은 애티튜드라고 강조하기도 했다. 애티튜드는 태도나 자세, 마음가짐이라고 하는데, 아무리 많이 들어도 도무지 애티튜드가 정확히 무슨 개념인지는 한동안 잘 와닿지 않았다. 태도, 자세, 마음가짐 모두 다 좋은 말이지만, 서비스인의 태도가 도대체 어떤 것이란 말인가.

네가 지금 나라면 넌 웃을 수 있니?

당신은 지금 프랑스를 여행 중이다. '베르사유 궁전을 관광한 후, 노천카페에서 커피 한 잔을 즐겨야지.' '근사한 레스토랑에서 저녁 식사를 하고, 5성급 호텔에서 환상적인 밤을 보낼 거야.' 이런 상상을 하며 벌써부터 가슴이 설렌다. 또한 파리는 쇼핑의 성지가 아닌가. 오늘만큼은 나를 위한 선물을 마음껏 사야지. 난 소중하니까.

날아갈 것 같은 이 기분은 카페에서부터 산산조각이 났다. 관광객들로 북새통을 이루는 카페에서 까칠한 표정의 종업원은 제대로 치우지도 않은 테이블로 안내하더니 앉기도 전에 무슨 커피를 마실 건지 재촉하듯 물어본다. 메뉴를 제대로 살펴볼 시간도 없이 평소 마시지도 않는 에스프레소를 시킨다. 오래 머무르면 안 될 것 같아 분위기를 즐기기는커녕 쓰디쓴 커피를 허겁지겁 마시고 카페를 나왔다. 고작 한 모금도 안 되었던 커피 값이 자그마치 만 원이나 하다니, 커피만 쓴 것이 아니라 내 속도 쓰리다.

카페에서 망친 기분을 쇼핑으로나마 풀고 싶어서 근처 옷가게에 들렀다. 마음에 드는 옷을 골라 점원에게 사이즈를 찾아달라고 하니 찾아볼 생각도 않고 퉁명스럽게 진열된 옷들이 전부라고 한다. 왠지 무안함이 밀려와 이번에도 도망치듯 거리로 나섰다.

저녁 식사를 하러 찾아간 레스토랑은 뭔가 다를 것 같다. 미슐랭 가이드에서 최고 별점인 별을 세 개나 받은 유명한 곳이 아닌가. 잔뜩 기대를 하고 고급 가죽 케이스의 메뉴판을 살펴보다가 웨이터에게 맛있는 음식을 추천해달라고 질문한다. 하지만 그 순간 눈을 동그랗게 뜬 웨이터의 대답은 기대와는 전혀 딴판이다. “우리 레스토랑 처음이세요?”

지친 몸을 이끌고 하루의 피로를 씻어줄 호텔로 향한다. 호텔이야말로 큰맘 먹고 예약한 이번 여행의 하이라이트다. 호텔 앞에 서 있는 벨보이에게 캐리어를 옮겨달라고 부탁했다. 피곤한 듯 생기 없는 표정의 그 벨보이는 약간의 한숨을 내쉬며 마지못해 캐리어를 받아든다. 호텔 프런트에서는 “예약하셨습니까?”로 시작해 키를 건네준 후 “내일 아침 알람 필요하십니까?”라는 단 두 마디에 체크인이 끝난다. 사무적이고 뻣뻣한 태도는 내가 생각했던 환영과는 거리가 멀다.

원하는 옷을 못 산 것 말고는 대부분 계획대로 일정을 소화했다. 그런데 지금 내 기분은 여행 와서 즐겁기는커녕 괜히 짜증스럽고 피곤할 뿐이다. 그냥 빨리 따뜻한 물에 샤워나 하고 잠이나 자고 싶다.

럭셔리 애티튜드

위 에피소드는 명품 산업 종사자를 대상으로 전문적인 컨설팅 및 교육 프로그램을 제공하는 럭셔리 비즈니스 인스티튜트(Luxury

Business Institute, 이하 'LBI')에서 발간한 책《럭셔리 애티튜드》에서 소개한 글을 바탕으로 재구성한 이야기이다. LBI는 구찌(Gucci), 에르메스(Hermes), 버버리(Burberry), 서울 신라호텔 등 수많은 글로벌 명품 브랜드의 직원 교육 프로그램을 담당하고 있는 대한민국 최초의 럭셔리 전문 교육 기관이다.

위 사례에서 당신이 받지 못한 '물적 서비스'는 하나도 없었다. 반면, 서비스를 다 받고도 기분이 찜찜한 뭔가 '감성적인 부분'에 있어서는 모자라도 한참 모자랐다. 소비자의 입장에서는 채워지지 않은 그 무엇이 직원의 입장에서는 뭐가 문제였냐고 억울함을 항변할 수도 있다.

카페 직원은 바빠서 여유가 없었을 뿐 어쨌든 테이블로 안내하고 주문한 커피를 가져다줬고, 웨이터도 식사 주문을 도와줬다. 벨보이도 짐을 들어다줬고, 호텔 체크인에도 정확하게 방 키를 전달했으니 문제될 것은 하나도 없다. 그렇지만 이 책에서는 고객이 느끼는 실망은 대부분 서비스가 '기능적 차원'에서 그치기 때문이라고 설명한다.

현대 사회에서 기능적 차원의 소비에 만족하는 고객은 아무도 없다. 에르메스 브랜드의 가방을 사는 것은 실용적이고 기능이 편리하기 때문이 아니다. 몇천만 원을 호가하는 가격을 지불하고서도 에르메스 가방을 사지 못해 안달하는 이유는 에르메스의 서비스에 '품격'이 있기 때문이다. 또한 그 품격이 나의 가치를 특별하게 만들어주기 때문이다.

결혼 예물을 구매할 때의 일이다. 현지 가격이 더 싸기 때문에 우리 부부는 신혼여행지인 뉴욕 5번 가에 있는 티파니 매장에서 커플링을 구입하기로 했다. 예물이라고는 하나 티파니 매장에 진열된 값비싼 보석들에 비하면 커플링의 가격은 보잘것없었다. 하지만 그곳의 직원은 세상 행복한 표정으로 로맨틱하다느니, 러블리 커플링이라는 둥 온갖 달달한 멘트로 우리 기분을 띄워줬고, 상품을 포장하는 동안 우리를 라운지 소파로 안내해 샴페인까지 제공했다. 영화 〈티파니에서의 아침을〉에서 오드리 헵번이 크루아상을 베어물며 들여다보던 유명한 장면 속의 바로 그 티파니 매장에서 샴페인을 마시는 기분이란 이루 말할 수 없었다! 고객을 최고의 VIP로 대우하는 것, 그러한 럭셔리 애티튜드를 제공할 수 있는 것은 직원의 '인적 서비스'를 통해서만 가능하다.

항공사의 퍼스트 클래스는 명품 브랜드처럼 다른 클래스와의 차별화를 위해 존재한다. 그 위상에 걸맞게 최고급 레스토랑을 방불케 할 정도의 기내식이 준비된다. 세계 3대 진미라는 푸아그라(Foie gras, 거위간), 트러플(Truffle, 송로버섯), 캐비어(Caviar, 철갑상어알)는 물론 최고 등급의 스테이크, 랍스터, 궁중요리, 값비싼 샴페인과 와인도 즐비하게 구비되어있다.

그런 비싼 음식과 달리, 별미로 탑재되는 간식 중 의외의 메뉴가 있다. 바로 라면과 우동이다. 분식집에서 겨우 몇 천원이면 사 먹을 수 있는 메뉴가 퍼스트 클래스에서 제공되다니, 처음엔 좀 어울리지 않는다고 생각했다. 하지만 퍼스트 클래스에 탑승하는 손님 중 그 누구도 저렴한 메뉴라고 컴플레인을 하지 않는다.

그 이유는 무엇일까? 분식집에서 시켜 먹을 때는 전혀 느낄 수 없는 럭셔리 애티튜드를 갖춘 승무원의 인적 서비스가 함께 제공되기 때문이다. 퍼스트 클래스에서 라면을 제공하는 방법은 다음과 같다.

| 퍼스트 클래스 라면 제공 방법 |

1. 라면이 80퍼센트 정도 익었을 때 디너 냅킨을 먼저 트레이에 준비해 두 손으로 받쳐 나간다.
2. 손님에게 라면이 곧 제공된다고 안내드리고, 좌석 테이블을 열어 중앙에 디너 냅킨을 올려드린다.
3. 라면을 그릇에 담아 예쁘게 파, 버섯 등의 고명을 얹어 세팅한 후 쏟아짐을 방지하기 위해 국물 용기를 승무원의 팔 쪽으로 향하도록 트레이를 세로로 잡는다.
4. 손님을 정면에서 마주 보고 선 뒤 "말씀하신 라면이 준비되었습니다. 뜨거우니 조심하십시오"라고 안내한다.
5. 손님이 먹기 편한 위치와 방향에 맞게 조심스럽게 테이블 위에 놓고 "맛있게 드십시오"라는 인사와 함께 목례를 한다.

라면 하나도 승무원들은 몸짓 하나 말투 하나하나 세세하게 교육받은 대로 정성스럽게 제공한다. 손님은 충분히 대접받는 기분을 느낄 수 있기에 하늘 위에서 먹는 라면의 맛은 별미 중의 별미다.

애티튜드는 마음을 담는 그릇과 같다. 물도 어떤 그릇에 담기느냐에 따라 예쁜 크리스털 잔에 담긴 물이 될 수도 이 빠진 그릇에 아무렇게나 담긴 물이 될 수도 있듯이, 승무원이 어떤 애티튜드를 갖췄느냐에 따라 서비스의 퀄리티가 결정될 수 있다.

영업 전략을 이유로 아시아나항공에서는 퍼스트 클래스를 지난 해 전격 폐지하고 로열비즈니스라는 이름으로 운행하고 있다. 하지만 한 번 몸으로 체득한 럭셔리 애티튜드는 회사에서 얻은 가장 값진 자산이자 영원한 나의 개인 경쟁력이 되었다.

인간에 대한 깊은 이해가 남다른 서비스로 이어진다

삼성에는 없고 애플에 있는 것은?

흔히 세계 스마트폰 시장 점유율 1, 2위를 차지하고 있는 애플과 삼성전자를 비교하며 '퍼스트 무버(First Mover)', '패스트 팔로어(Fast Follower)'라는 표현을 쓴다. 애플의 스티브 잡스는 '아이폰'을 통해 스마트폰을 처음으로 세상에 출현시켰다. 그 덕에 애플은 새로운 제품과 가치를 창조하는 기업, 즉 퍼스트 무버가 되었다. 반면, 삼성은 스마트폰의 성공 이후 스마트폰 시장에 진입했지만 뛰어난 가격 경쟁력과 꾸준한 기술개발 등으로 애플의 뒤를 바싹 뒤쫓는 패스트 팔로어가 되었다.

애플의 창업, 매킨토시 개발, 아이폰의 출시, 픽사를 인수해 만든 애니메이션 〈토이스토리〉 등의 성공을 이뤄오면서 스티브 잡스는 누구도 반박할 수 없는 혁신의 아이콘이 되었다. 많은 사람들이 그가 이뤄낸 성공과 독보적인 창의성의 비결을 궁금해했고, 그는 그 비결을 '인문학'이라며 이렇게 대답했다. "기술만으로는 충분하지 않다. 우리의 가슴을 뛰게 하는 것은, 인문학과 결합한 기술이다."

애플의 광고를 보면 절대로 제품의 성능을 자랑하지 않는다. 가족과 영상통화를 하는 사람들, 밤하늘의 별자리를 사진으로 찍어 확대해보는 아이들, 아이클라우드에 저장된 사진과 동영상을 공유하며 돌아가신 할머니를 그리워하는 가족들. 광고에서 항상 사람들이 주인공이고 그 사람들이 손에 든 아이폰, 혹은 아이패드를 보며 가슴이 설렌다. 애플은 잔잔하지만 우리 가슴에 울림을 주는 메시지를 늘 전한다.

반면 삼성전자의 핸드폰 광고는 항상 제품의 수치화된 초고성능과 한층 더 발전된 기능을 보여준다. 발 빠른 기술력을 가진 삼성전자의 강점이니 더욱더 부각시키는 것이 어쩌면 당연하겠지만, 결국 삼성에는 없고 애플에게 있는 것은 '인문학적 감성'이다.

인문학이 뭐길래

사방에 인문학 강의가 넘쳐난다. 인문학 열풍이라고 불릴 정도로 인문학에 대한 사람들의 관심도 지대하다. MBA 최고경영자 과정에서는 기업의 경영자들을 대상으로 인문학을 통한 리더십 강의를 하고, TV나 인터넷 등 여러 매체에서도 인문학을 키워드로 하는 프로그램이 많다. 어디 그뿐인가. 학부모 교육에서는 자녀들의 인문학 교육이 중요하다고 강조하고, 기업에서는 인문학적 소양을 갖춘 사람을 원한다고 한다. 도대체 인문학이 뭐길래, 이토록 많은 곳에서 인문학의 중요성을 강조하는 것일까?

먼저 인문학의 정의부터 살펴보자. 인문학이란 '인간의 가치 탐구와 표현활동을 대상으로 하는 학문 영역'이다. 보통 언어, 철학, 문학, 예술, 역사 등을 말하는데, 한마디로 이야기하면 '인간에 대한 학문'이다.

인간이 살아가면서 경험하는 이야기를 비롯해, 보고 듣고 느끼고 생각하는 모든 것들이 인문학에 포함된다. 나아가 인간이 어떻게 살아가야 할지에 대한 고민을 통해 삶의 기준을 설정할 수 있도록 안내자 역할을 한다. 인간에 대한 근본적인 이해와 성찰을 바탕으로 한 인문학을 통해 우리는 삶의 여러 가지 문제와 마주쳤을 때 현명한 판단을 내리고 실행할 수 있는 힘과 지식을 얻는다.

언어를 공부하면 다른 문화권 사람들의 사고방식도 이해할 수 있고, 철학적 사유를 통해 도덕과 윤리적 문제에 대한 해답을 찾을 수 있다. 문학이나 예술작품을 감상하고 이해하면서 인간 심리에 대한 통찰과 공감 능력을 기를 수 있다. 또한 역사는 과거를 통해 현재의 결정과 행동이 어떠한 결과를 낳을 수 있는지 예측할 수 있게 해주는 가장 훌륭한 거울이다.

승무원에게 인문학이 필요한 이유

기술혁신을 바탕으로 세상을 바꾼 IT기업을 만든 사람들은 의외로 다수가 인문학 전공자였다. 유튜브의 CEO 수잔 보이치키(Susan Wojcicki)는 역사와 문학을 전공했고, 구인·구직 소셜 네트워킹 서비스 기업인 링크드인(Linkedin)의 창업자 리드 호프만(Reid Hoffman)은 철학 석사 학위 소지자다. 세계 최대 숙박 공유업체인 에어비앤비(Airbnb)의 설립자 브라이언 체스키(Brian Chesky)는 미술을 전공했고, 중국 알리바바그룹의 마윈(馬雲) 회장은 대학에서 영어를 전공했다. 다시 말해 세상을 바꾼 위대한 기술의 저변에는 인간 본성에 대한 위대한 이해가 깔려있었고, 이를 바탕으로 통찰력을 발휘한 사람들이 지금의 세계적인 기업을 만들었다.

이렇게 다분히 기술집약적인 기업에서도 사람들이 바라는 것이 무엇인지 끊임없이 상상하며 어떻게 하면 실현시킬 수 있을까, 라는 인문학적 고민을 그치지 않는데, 하물며 사람을 대하는 직업인 승무원에게 인문학이 중요하지 않다고 감히 말할 수 있을까?

승무원이 제공하는 '인적 서비스'는 사람과 사람 사이의 직접적인 관계에서 일어나는 작용이다. 따라서 서비스에는 정답이 없다. 어떤 사람은 식사 서비스 중에 깨워서 식사를 챙겨줬다고 감사 편지를 쓰는 반면, 어떤 사람은 곤히 잠들었는데 괜히 깨워서 휴식을 방해했다고 컴플레인을 한다. 도대체 어느 장단에 춤을 춰야 할지 모르겠다며 승무원의 입장에서 불평을 늘어놓을 수도 있겠지만, 인간은 원래 '부조리한 존재'라는 것을 이해한다면 불평할 이유도 없다.

알베르 카뮈(Albert Camus)의 첫 소설이자 그에게 노벨문학상을 안겨준 《이방인(L'Étranger)》의 주인공 뫼르소는 아랍인과의 시비 끝에 우발적으로 살인을 저지르게 되고 재판을 받는다. 하지만 정작 그가 저지른 살인이라는 죄보다 어머니의 장례식에서 눈물을 흘리지도 않았고, 다음날 곧바로 여자친구와 해수욕을 하며 데이트를 즐겼다는 사실로 인해 더욱 비난을 받게 되면서 재판은 불리하게 진행된다. 결국 보통 사람들과 다르게 생각하고 행동하는 괴팍한 인물로 사람들에게 이해받지 못한 뫼르소는 사형을 언도받는다.

사람들은 자신의 기준을 가지고 상대방을 평가하고 감정적으로 대한다. 자신의 틀에 맞춰서 상대방의 행동을 해석하려 하기 때문이다. 식사 시간에 잠을 깨운 같은 행동도 배고픈 누군가에게는 고마움이 되고, 잠이 부족한 누군가에게는 짜증 나는 상황이 될 수 있다. 그렇지만 손님이 승무원에게 짜증을 낸다고 해서 그 감정에 같이 휘말릴 필요는 없다.

노벨문학상 수상작인 어니스트 헤밍웨이(Ernest Hemingway)의 《노인과 바다(The Old Man and the Sea)》를 보면 84일 동안이나 물고기 한 마리도 잡지 못하던 늙은 어부가 85일 때 되는 날 거대한 청새치를 잡게 된다. 노인은 오랜만에 잡은 월척을 놓치기 싫었지만 청새치가 너무 거대해 배 위에 잡아 올리지도 못하고 오히려 청새치에 이끌려 정처 없이 바다를 헤매게 된다. 망망대해에 혼자서 외롭게 사투를 벌이는 상황이지만 노인은 긍정적인 마인드와 강인한 정신력으로 버텨낸다. 체력의 한계와 환경의 어려움 앞에서도 노인은

'자기지향적인 사고'를 통해 자신에게서 해결책을 찾는다. 자기지향적 사고는 어려움에 부딪혔을 때 상대방이나 환경을 탓하는 것이 아니라, 문제해결의 열쇠를 자기 자신에게서 찾는 사고방식이다. 자신의 능력을 믿고 우울한 상황에 휩쓸리지 않는 자세는 승무원에게 꼭 필요한 자질 중 하나다.

이처럼 인문학을 통한 인간에 대한 깊은 이해가 손님에 대한 진정성으로 이어진다면 남다른 배려와 서비스의 깊이를 가질 수 있는 게 아닐까? 좋은 서비스와 훌륭한 서비스는 정형화된 것이 아니다. 인문학을 공부함으로써 배울 수 있는 것은 학교 다닐 때 시험을 치르기 위해 머리에 주입하던 정답이 아니다. 현재의 내가 미래에 더 나은 삶을 살 수 있게 해주는 삶의 교훈과 깨달음이다.

상사를
가까이하라

꼰대 vs 젊은 것들

어느 직장이나 '나 때는 말이야~' 하면서 라떼 향을 솔솔 풍기는 소위 '꼰대' 같은 상사 때문에 괴로운 사람들이 많다. 오랜 기간 인사팀 임원을 역임한 분에게서 들은 바로는 퇴직 사유 중 가장 많은 경우가 '상사와의 불화로 인한 스트레스'라고 하니, 직장 생활을 다룬 〈잡다한컷〉이나 〈만화로 보는 꼰대상사〉와 같은 웹툰을 보며 그저 재미로 웃어넘길 일만은 아닌 듯하다. 꼰대로 대변되는 기성세대 때문에 괴로운 이들은 바로 '밀레니얼 세대' 혹은 'Z세대'라고 불리는 요즘 신세대들이다.

세대를 대표하는 말은 시대별 특징에 따라 이어져 내려온다. 한국전쟁 이후 출산율 증가와 함께 나타난 베이비붐 세대(1955년~1964년 출생), 경제성장의 열매를 처음으로 맛보았다는 X세대(1965년~1979년 출생), 디지털 문화에 익숙한 밀레니얼 세대(1980년~1995년 출생), 1990년대 후반 이후에 태어나 막 사회에 진출하기 시작한 Z세대(1996년 이후 출생) 등이 그것이다.

새로운 세대가 시대의 주류로 등장할 때마다 기성세대의 거부감은 노골적으로 표현되었다. 고대 그리스의 철학자 소크라테스도 "요즘 젊은이들은 버릇이 없다"라고 했고, 더 거슬러 올라가서는 기원전에 작성된 고대 이집트의 파피루스에서도 '요즘 젊은이들은 이해할 수 없다'라고 쓰여 있다고 하니 세대 간의 갈등은 유구한 역사를 가진 전 인류적 차원의 문제인 것 같다.

나는 세대 간의 진짜 문제가 갈등을 회피하기 위해 서로 '소통'을 단절하는 것이라고 생각한다. 아직도 연장자의 권위를 인정하는 '장유유서(長幼有序)'의 유교 문화가 강하게 남아 있는 우리나라에서 개인주의적인 성향이 강하고 직장 상사에게도 자신의 권리를 당당하게 요구하는 당찬 젊은 세대는 필연적으로 기성세대와의 마찰을 일으킨다. 그 바람에 '듣기 싫은 말만 하면 꼰대라며 비난한다'라는 회의감으로 인해 기성세대는 업무상 꼭 필요한 지적도 하지 않는 경우도 생겼다.

소통해야 살아남는다

세대 간의 소통과 화합은 국가적 차원에서도 아주 중요한 문제이다. 그런 점에서 2019년 8월 문재인 대통령이 청와대 전 직원에게 《90년생이 온다》라는 책을 선물한 것은 상징성을 가진다. 그 밖에도 밀레니얼 세대에 대한 책이 쏟아지고 이들에 대한 사회적 관심이 증폭되는 이유는 다름 아닌 이들이 앞으로 우리나라를 이끌어갈 차세대 주역으로 자리매김하게 될 중요한 세대이기 때문이다.

아울러 지금 세대교체가 한창인 국내 항공업계에서도 세대 간 소통은 최대의 화두다. 조직의 발전은 상호협력이 필수적이기 때문이다. 실제로 아시아나항공은 2019년 한 해 동안 전 승무원을 대상으로 그룹별로 모여 '소통'에 관한 이론교육을 받고 성공적인 소통을 위한 기업문화 바꾸기의 자구책을 고민해보는 시간을 가졌다. 소통 방법을 개별 그룹 차원에서 자유롭게 개발하여 시도하는 것으로 했고, 다양한 게임을 하거나 강의를 듣거나 전시회 같은 문화 행사를 함께 가는 그룹도 있었다.

이처럼 위에서부터 시작되는 톱다운(Top-Down) 방식의 소통을 위한 노력은 이미 시작되었다. 결국 소통하는 기업이 살아남는다는 절박함 때문일 것이다. 기성세대도 다음 세대로 이어질 대세의 흐름을 거스를 수 없으므로 젊은 세대를 이해하기 위한 자구적인 노력을 하지 않을 수 없다.

그렇다면 이제부터는 요즘 젊은 세대인 승무원 취준생은 어떤 방식으로 노력해야 할지 알아보자.

어떻게 원하는 것을 얻는가

90년대생이 이해할 수 없는 기성세대를 외면해서 얻는 건 무엇일까? 펜실베이니아 대학교 와튼 스쿨의 스튜어트 다이아몬드(Stuart Diamond) 교수는 그의 저서 《어떻게 원하는 것을 얻는가》에서 결정권을 쥐고 있는 의사결정자와 협상을 해야 원하는 것을 얻을 수 있다고 말한다. 상사가 아무리 마음에 안 들어도 나의 회사생활을 유지하는 데 가장 중요한 결정권을 쥐고 있다는 것은 부인할 수 없는 사실이다. 바꿔 말하면 나의 사회생활에서 가장 실질적인 도움을 줄 수 있는 권한을 가진 사람도 바로 상사다.

세계적인 경영학자이자 컨설턴트인 피터 드러커(Peter Drucker)는 이런 말을 남기기도 했다.

"당신은 상사를 좋아하거나 존경할 필요가 없다. 그러나 상사를 증오할 필요도 없다. 단지 상사가 당신의 업무 성취와 완수, 개인적 성공의 근원이 되도록 관리하면 된다."

상사를 꼰대라고 치부하며 귀를 닫아버리면 나보다 일찍 조직에 들어와 시행착오를 거치며 체득한 노하우를 배울 기회조차 갖지 못하고, 회사에서 가장 도움이 되는 사람과의 관계도 망칠 수 있다. 말이 안 통한다고 손가락질만 하기보다는 배울 점이 있으면 배우고 회사의 다음 주역이 바로 '열정 가득한 나'임을 끊임없이 보여주자.

'꼰대'와 '멘토'는 종이 한 장 차이이다. 받아들이는 사람의 마음가짐으로 꼰대도 멘토로 바뀔 수 있는 것이다. 열린 마음으로 먼저 다가가야 한다. 세기의 천재임에도 "누구에게나 배울 점은 있다"고 한

아인슈타인의 말처럼 상대방의 장점을 찾아내 스펀지처럼 빨아들여 자기 것으로 승화시키는 것도 능력이다.

성공하고 싶다면 상사를 가까이하라

직급으로 나뉘어진 상하의 경직된 분위기 속에서 자신의 인사평가를 담당하는 상사를 대하는 것이 어려워서 멀리하는 경우도 있다. 괜히 실수라도 해서 점수가 깎이게 될까 봐 두려워서 피하는 것이 상책일 것 같다는 생각도 든다. 같은 처지의 동료와 상의하고 대충 해결하는 경우도 있지만, 문제 해결 권한이 있는 사람은 내 옆자리의 동료가 아니라 내 앞에 있는 상사라는 것을 잊으면 안 된다.

상사 입장에서도 대부분의 직원들이 어려워하고 피하고 싶어 하므로 오히려 더욱 부하직원의 피드백을 갈구한다. 현장에서 어떤 어려움을 느끼는지 궁금해하고 해결해주고 싶어 한다.

동료 승무원 중에 비행 전후로 사무실에 들러 팀장님과 자주 면담을 하던 사람이 있었다. 팀장님과 별로 할 얘기도 없을 것 같아 대하기 어렵지 않냐고 물었더니, “부하직원으로서 자주 뵙고 인사드리는 것은 상사에 대한 기본적인 예의라고 생각해요. 게다가 팀장님은 비행을 안 하고 사무실에만 계시니 현장에서 일어난 일들이 더 궁금할 것 같아서요”라는 대답이 돌아왔다.

동료의 진정성과 열정에 나도 감동했는데, 팀장님의 입장에서는 더 말할 것도 없이 감동스러웠을 것이다. 또한 현장의 피드백이 팀장의 업무 지시 방향에도 영향을 줄 테니 현장의 목소리가 정책에 반영되어 업무의 능률을 높이는 선순환으로 이어졌다. 이후 그 승무원은 상사의 인정을 받아 회사에서 꽤 잘나가는 승무원이 되었다. 자기 성장과 함께 어떤 조직에서든 자기 영향력을 확대하는 가장 빠른 방법은 상사를 가까이하는 것이다.

멘토를 만들어라

당신은 어떤 수저를 물고 태어났다고 생각하나요?

부모의 재력이나 사회적 지위가 자식에게 그대로 물려진다는 수저계급론은 은수저, 동수저도 모자라 금수저 위에 다이아몬드수저라는 말까지 등장시켰다. 그만큼 학업, 취업, 사회생활의 스트레스가 극심한 무한경쟁 시대를 치열하게 살아야만 하는 현실에서 부모 잘 만나 탄탄하게 지원받는 사람들을 보며 부러워하고 상대적 박탈감을 느끼게 되는 현상에 대한 반증이라는 생각이 든다.

나 또한 학창 시절 때 부모의 직업란이 화려한 친구들이 부러웠다. 아버지는 안 계시고 어머니는 가정주부라고 적힌 가정통신문을 선생님에게 제출할 때는 적잖이 주눅이 들었다. 때로는 아버지와 같은 직업을 장래 희망으로 소개하는 친구들을 보면서 나는 누구를 롤모델로 삼아야 하나 싶어 막막하기도 했다.

예전에는 직업에 대한 정보가 폐쇄적이었기 때문에 부모의 직업 세계를 성장 과정에서 자연스럽게 접한 사람들이 남들보다 비교적 손쉽게 그 직업의 길을 갈 수 있었다. 하지만 지금은 다양한 매체의 발달로 어떤 직업을 원하든 직간접적으로 그 직업의 세계를 경험해 볼 수 있는 정보가 사방에 널려 있다. 아주 쉬운 예로 유튜브의 동영상만 검색해도 현직에 있는 사람들의 생생한 경험담을 듣고 참고할 수 있을 정도로 정보의 홍수를 넘어 TMI(Too Much Information)의 시대에 살고 있다.

멘토의 설정을 통한 꿈의 레버리지 효과

본인의 의지만 있다면 흙수저의 핸디캡을 극복할 수 있는 기회는 분명히 존재한다. 대다수의 사람들이 살기 힘들다며 애꿎은 수저를 탓하고 있을 때 성공한 1%의 사람들은 자신의 한계를 인정하고 그것을 뛰어넘기 위한 기회를 찾는다. 그 기회가 바로 '멘토를 설정하는 것'이다.

냉정하게 현실을 직시하자. 부모를 선택할 수 없다고 슬퍼하고 화를 낸다고 해서 내가 얻는 것은 아무것도 없다. 그럴 시간에 빨리 나에게 맞는 멘토를 찾는다면 후천적인 금수저를 물려줄 수 있는 인생의 부모를 찾을 수 있는 확률이 생긴다. 《부자 아빠 가난한 아빠》

라는 책으로 유명한 로버트 기요사키(Robert Kiyosaki)도 '가난한 (생물학적) 아빠'에게서 배우지 못한 부자의 마인드를 친구의 아빠이자 평생 멘토인 '부자 아빠'에게서 배워 부자가 되었고, 지금도 풍요로운 인생을 누리고 있다.

마찬가지로 직장에 들어와서도 상사는 선택할 수 없지만 멘토는 선택할 수 있다. 상사에게서 배울 점이 없다는 생각이 들면 직장 생활의 안정을 위해 상사와의 관계는 잘 유지하되, 보고 배울 점이 많은 사람을 멘토로 설정하면 된다. 선배, 동료, 후배 중 누구나 상관없다. 존경할 수 있는 사람으로 정해서 배울 점을 면밀히 관찰하고 조언을 구하는 노력을 아끼지 말자.

어느 조직이나 마찬가지겠지만 승무원 사회에서도 선배나 직급이 높은 사람이 잘되는 경우에는 거부감이 좀 덜 하지만, 동료나 후배가 잘되면 괜히 나보다 앞서간다는 질투심에 깎아내리는 사람들이 있다. 예를 들어 일은 열심히 안 하는데 상사에게 잘 보이려고 애쓴 결과 진급을 했다든가, 선배에게만 잘 하고 후배에게는 못되게 군다는 등 회사나 상사에게 인정받는 게 영 못마땅하다는 듯 단점을 찾아내어 뒷담화를 일삼는 사람들이 늘 존재한다.

질투나 시기가 나쁘다는 도덕적 잣대를 들이대거나, 뒷담화를 하는 사람들을 못났다고 비난하는 성인군자 같은 이야기를 하려는 것이 아니다. 철저하게 자기 이익의 관점에서 현실을 바라보자는 말이다. 회사에서 인정받는 사람들에게 질투심을 느낀다면, 그것은 인정하든 인정하지 않든 부러워하는 마음의 발로다. 에너지 보존의 법칙을 잘 활용해서 질투나 뒷담화에 쓸 에너지를 자기발전을 위한 지렛대로 삼는 것이 본인을 위해 훨씬 득이 된다.

긍정적인 관계에 있는 사람만 멘토로 삼으라는 법은 없다. 경쟁자나 라이벌도 부러운 부분이 있거나 질투가 나는 점이 있다면 그것이 바로 내가 배울 점이다.

멘토를 통해 꿈을 이루는 3단계

내가 가진 한계와 문제를 해결하는 데 멘토를 만들면 많은 도움이 될 수 있다. 멘토에게 조언을 구하는 등 직접적인 상호작용을 통해서도 내 문제를 해결할 수 있지만, 위인이나 유명인처럼 만나기 어려운 대상을 멘토로 삼았다 해도 상관없다. 다음 세 단계에 따라 실천하면 내 꿈을 이루는 데 많은 도움이 될 것이다.

Step 1 멘토를 설정하라

영어에서 스승을 뜻하는 멘토는 그리스신화에 나오는 오디세우스의 친구 '멘토르(Mentor)'에서 유래되었다고 한다. 오디세우스가 트로이 전쟁에 나가면서 집안 관리와 아들 텔레마코스의 교육을 멘토르에게 맡겼는데, 전쟁이 끝나기까지 무려 10여 년간 멘토르는 텔레마코스의 친구이자 스승, 아버지가 되어 그를 잘 돌봐줬고, 이후 사람들은 현명하고 신뢰할 수 있는 조언자를 '멘토'라고 불렀다.

흔히 멘토를 설정할 때는 어떤 한 사람을 대상으로 삼으려고 생각한다. 하지만 인생 전반에 걸친 문제를 골고루 해결해줄 수 있는 혜안과 인품을 가진 완벽한 멘토는 잘 만나기 어렵다. 그런 사람이 있다면 더할 나위 없이 좋겠지만 만나지 못하더라도 실망할 필요는 없다.

앞에서 이야기했듯이 누구라도 내가 부러워하는 부분이 조금이라도 있으면 바로 그 사람을 '내가 닮고 싶은 것'에 대한 멘토로 지정하면 되는 것이다. 사람들과 관계 맺기를 잘하는 사교적인 성격이 부럽다면 '성격 멘토', 꼼꼼하고 일을 똑 부러지게 하는 능력이 부럽다면 '업무 멘토', 시간 관리를 잘하는 점을 배우고 싶다면 '시간 멘토' 등으로 설정하면 된다. 멘토의 설정에는 인원의 제한도 없고 영역의 제한도 없다. 지극히 주관적으로 설정하면 된다.

Step 2 멘토를 관찰하라

멘토를 설정했다면 두 번째 단계는 관찰하기다. 본받고 싶은 점이 있다고 솔직하게 밝히고 멘토가 되어달라고 청할 수도 있고, 때로는 꼭 밝히지 않아도 크게 상관없다. 더 중요한 것은 멘토의 대상을 면밀히 관찰하는 것이다. 예를 들어 업무 능력을 배우고자 업무 멘토를 삼았다면 그 사람이 출근해서 제일 먼저 어떤 준비를 하는지, 상사에게 어떤 식으로 보고하는지, 일의 효율을 높이기 위해 어떤 방식을 쓰는지 등을 관심 있게 살펴본다.

그 사람이 이룬 성과나 결과보다는 과정에 집중하여 관찰하도록 한다. 흔히 경기장에서 멋진 3점 슛을 날리는 농구선수의 모습은 모두 바라보지만 매일 새벽부터 밤늦게까지 땀 흘리며 연습하는 과정의 노력은 간과하기 쉽다. 연습의 결과가 멋진 3점 슛 성공으로 이어지듯이 관찰을 할 때는 성공의 모습이 아니라 참고 인내한 노력의 모습에 주목해야 한다.

Step 3 자신의 상황에 맞게 적용하라

직장에서나 주변 사람 중에 맘에 드는 멘토를 설정했다면 활발하게 서로 소통하면서 조언을 구하는 방법도 좋다. 하지만 굳이 먼저 다가가지 않아도 관찰하며 알게 된 그 사람의 장점을 따라 하고 흉내 내는 적용 단계가 필요하다. 마치 어린아이가 부모의 행동을 보고 들으며 따라 하게 되듯이, 멘토의 배울 점을 의식적으로 흉내 내다 보면 어느새 나의 일부분이 된다.

직접적으로 조언을 구하기 어려운 상황에서 어떤 문제에 직면했다면 내가 정한 그 멘토의 입장이 되어 상상하는 것도 좋은 방법이다. '내가 그 사람이라면 어떤 결정을 했을까?', '그 사람에게 조언을 구했다면 어떤 대답을 했을까?' 우리의 뇌는 상상과 현실을 잘 구분하지 못한다. 멘토를 상상하며 스스로 질문하고 답하는 과정에서 한층 더 성장하게 되고 해답을 찾아낼 수 있다.

신뢰가 성과를 불러온다

사직이 평생소원인 사람

2020년 2월에 방송된 MBC 〈선을 넘는 녀석들〉에서는 세종대왕과 황희 정승에 대한 이야기가 소개되었다. 두 여종이 싸우는데 "네 말도 옳고, 네 말도 옳다"라고 했던 중용의 미덕을 가진 황희 정승은 유난히 세종대왕에게 두터운 신임을 받았다. 조선시대를 통틀어 최장 기간 영의정을 지냈고, 87세에 은퇴하여 최고령 영의정 기록까지 보유한 유일한 인물이다.

현대 우리나라 사람의 평균 수명은 80세가 넘는다. 아쉽게도 조선시대 사람들의 평균 수명은 명확히 알 수 없다. 대신 1,800년 무렵의 서유럽 사람들의 평균수명이 35세 안팎이었음을 보면, 87세까지 현직에 있었다는 것은 대단히 특별한 경우다. 실제로 황희는 건강상의 이유를 들어 수도 없이 사직서를 냈지만, 세종은 이를 받아들이지 않았다.

세종은 왜 이렇게 황희를 놓아주지 않았을까? 아이러니하게도 황희는 장자인 양녕대군이 아버지 태종과의 갈등으로 세자에서 폐위될 당시, 셋째 아들인 충녕대군(훗날 세종)이 세자로 책봉되는 것을 반대했던 대표적 인물이다. 자신이 왕이 되는 것을 반대한 신하를 이토록 신뢰하고 의지했던 이유는 한마디로 일을 너무 잘했기 때문이다. 나라에 도움이 되는 현실적인 조언을 구할 수 있는 능력자였고, 실제로 집현전을 중심으로 한 세종 시대의 많은 문물의 발전은 황희의 진두지휘하에 탄생했다.

신뢰가 불러오는 성과의 선순환

지금 당장 취업이 소원인 취준생에게 사직이 소원이었을 정도로 인재로서 인정받았던 황희의 사례는 많은 시사점을 준다. 상대방이 인정해주기를 바라기에 앞서 내 능력이 출중하다면 인정과 성과는 저절로 따라온다. 더욱이 한 번 인정받게 되면 신뢰가 쌓이고, 능력에 대한 믿음은 중요한 업무를 맡길 때 평가의 기준이 된다.

흔히 영화관에서 보고 싶은 영화를 고를 때 '믿고 보는 배우', '흥행 보증수표'라는 말을 쓰곤 한다. 연기력이 출중한 배우가 출연한다는 사실 자체만으로도 영화 선택의 실패 가능성을 줄일 수 있다는 의미다. 인기가 많은 배우의 출연만으로도 영화 흥행을 어느 정도 보장받을 수 있으니 그런 '티켓 파워'를 가진 톱스타들은 출연료도 엄청나다. 어디 그뿐인가. 비싼 출연료에도 불구하고 캐스팅은 늘 1순위다.

승무원 중에서도 티켓 파워에 버금가는 파워를 가진 사람들이 있다. 비행 근무를 하다 보면 정기운항편만 있는 것은 아니다. 신규 취항지에 맨 처음으로 운항하는 취항편이나 해외 파병부대 수송 특별기, 각종 항공사 관련 행사에 참여하는 승무원들은 매스컴에 보도되는 일이 많으므로 회사에서 아무 직원이나 배정하지 않는다. 인사고과나 평판 등을 고려해 모범적이고 능력이 출중한 승무원들을 심사숙고해서 선발해 배정한다. 예전에는 대통령 전용기를 민간항공사에서 대여해 국가행사에 동원했기 때문에 대한항공과 아시아나항공이 번갈아 행사를 담당했다. 그때 전용기에 탑승하는 승무원을 뽑을 때는 절대적으로 신임이 가는 승무원들로 구성하곤 했다.

희한한 것은 행사 때마다 선발되는 승무원이 거의 중복된다는 것이다. 그중 가장 많이 중복되는 승무원들은 단연 코드원, 대통령 전용기 승무원들이었다. 대통령의 해외순방 일정은 몇 달에 한두 번 있는 간헐적인 행사다. 당시에는 대한항공과 번갈아 맡았으므로 몇 달에 한 번 행사가 있을 때만 모이게 되었다. 그래서 그사이에 항공사 평가기관으로부터 상을 받게 되어 시상식에 참석할 일이 생기거나 중요한 특별수송기에 탑승할 일이 생기면 주로 코드원 승무원들을 투입시켰다.

수천 명의 객실 승무원이 근무하는 회사에서 코드원 승무원만 우수했기 때문일까? 그것은 아닐 것이다. 저마다 능력이 출중한 승무원은 사실 많이 있다. 그렇지만 코드원 승무원은 특별한 비행에 선발된 정도로 검증된 사람이기 때문에 다음 번에도 무리 없이 잘 소화해낼 것이라는 믿음이 결정적인 원인일 것이다.

다시 말해 한 번 인정을 받으면 업무에 대한 신뢰가 형성되고, 이를 통해 또다시 중요한 업무에 발탁될 가능성이 높아진다. 중요한 업무에 투입되어 일을 하게 되면, 직장 내 개인의 성과에 직결되고 경력으로 쌓인다. 그럼 좋은 경력을 가진 승무원을 더 신뢰하게 되고 결국 성과의 선순환이 일어나는 것이다.

라벨링 효과를 이용하자

심리학에서는 이러한 현상에 대해 '라벨링 효과(Labeling Effect)'라고 한다. 물건에 이름이나 가격표를 붙이는 '라벨링' 행위처럼 사람에게도 어떤 프레임을 씌워 생각하는 것이 그대로의 효과를 가져오는 것을 말한다.

어느 학교에서 똑같이 무작위로 모은 평범한 학생들 두 그룹을 만들어놓고 교사에게 한쪽 반만 아주 우수한 학생들이라고 거짓말을 했다. 그런데 교사가 특별한 점이 없는 아이들을 우수한 잠재력을 가진 아이들이라 믿고 대했더니 우수한 학생들이라고 거짓말을 했던 그룹의 학업성취도가 훨씬 높게 올라갔다.

라벨링 효과는 생각보다 큰 힘을 발휘한다. 소위 '로또 명당'이라는 곳도 라벨링 효과와 연관이 있다. 로또 당첨자를 수십 명에서 수백 명까지도 나왔다는 로또 명당 판매점에는 매주 로또를 사려는 사람들이 긴 줄을 서서 기다린다. 한 번 로또 명당으로 입소문이 나면 다른 판매점보다 더 많은 사람들이 로또를 구매하게 되므로 로또복권의 판매량이 절대적으로 많다. 일반 판매점보다 많은 수의 로또를 판매했으니 그만큼 당첨 확률도 높아진다. 그래서 당첨자가 또 나오면 로또 명당의 입지는 더욱 공고해진다.

직장에서도 라벨링 효과는 작동한다. 일 잘하고 인성 좋고 상냥한 사람은 누구에게나 환영받는다. 칭찬을 받으면 기분이 좋아지는 것은 인지상정이다. 어떤 일이든 신이 나서 하면 더 잘하겠지만 사람을 상대하는 승무원의 업무는 더욱 긍정적인 시너지를 낸다. 기분이 좋아 신나게 일하고 나니 업무평가도 향상된다. 사람들 사이에서 칭찬이 오가고 평판이 좋아지면서 회사의 핵심인재로 대우받게 된다.

반대로 부정적인 개념의 '낙인효과'도 있다. 한 번 안 좋은 이미지를 갖게 된 사람은 무슨 일을 하든 나쁜 쪽으로만 보인다. 한 번은 출근 시간에 쫓겨 주차선이 아닌 곳에 불법 주차를 하고 비행을 가버린 승무원이 있었다. 붐비는 주차장 한복판에 서 있는 차 때문에 다른 차들은 한동안 불편을 겪었고, 차주인 승무원의 평판은 아주 나빠졌다. 만약 그 차 때문에 피해를 입은 사람 중에 인사 담당자가 있었더라면 그 승무원을 과연 업무적으로도 책임감 있는 사람이라고 평가할 수 있을까?

자신의 라벨링은 스스로 만들어가는 것이다. 사람들의 폭발적인 관심 속에 종영한 TV 프로그램 〈미스터트롯〉에서는 마지막 결승에 진출한 7인 모두가 톱스타의 반열에 오를 정도로 인기몰이를 했다. 그중 장민호는 '트로트계의 BTS'이라는 별명이 있는데, 이 별명은 다름 아닌 본인이 지은 것이다. 출연자 중 나이가 많은 편이지만 아이돌 출신이라는 점을 내세워 지은 별명인데, 그렇게 라벨링을 하고 노력을 더하니 BTS 못지않게 잘생기고 춤 잘 추는 사람으로 평가되었다.

사고의 변화는 행동의 변화를 가져오고, 행동의 변화는 인생을 변화시킨다고 한다. 사고방식을 변화시키는 것은 본인이 스스로에게 붙이는 라벨링이고, 그 라벨에 맞는 개인의 노력은 행동의 변화를 가져온다. 불과 몇 달 전까지만 해도 가수 장민호는 생활고에 시달리던 이름 없는 무명가수였다. 톱스타로서 그의 인생이 180도 달라졌듯이 상위 1% 승무원을 준비하는 지원자들도 라벨링으로 인생 역전을 실현하자.

협업이 가장 중요한 덕목이다

4차 산업혁명 시대에 필요한 인재상

미국의 '자동차 왕'이라 불리는 포드(Ford)사의 창업자 헨리 포드(Henry Ford)는 자동차 조립 공장에 컨베이어 벨트를 발명해 오늘날과 같은 이동식 조립방식을 도입했다. 이로써 그는 생산 방식의 분업화, 상품의 표준화, 인력의 전문화에 기여하며 엄청난 생산성의 증대를 이뤄냈고 이러한 생산 방식을 '포드 시스템'이라 부르게 되었다. 이 당시에 기업에서 채용하고자 하는 인재는 한 분야의 일을 반복적으로 수행하면서 숙련된 기술을 얻은 사람이었다.

4차 산업혁명의 시대를 살아가는 지금, 기업에서 원하는 인재상이 여전히 대량 생산을 위해 맡은바 자기 일만 잘하면 되는 전문화된 인력일까? 3차산업시대에는 분업화 및 단순화가 중요한 경제 성장의 바탕이 되었다면, 4차 산업혁명 시대에 필요한 새로운 인재상은 창의적, 융합형 아이디어를 가지고 커뮤니케이션에 능하며 새로운 가치를 창출할 수 있는 역량을 가진 사람이다.

단순노동이나 지식을 기반으로 하는 직업이 로봇과 인공지능으로 대체되어 많은 사람들이 일자리를 잃을 위기에 직면한 4차 산업혁명 시대에서 정보를 습득하는 데 뛰어난 인공지능이나 컴퓨터와 차별화되는 인재로 거듭나기 위해서는 '협업 능력'이라고 하는 '컬래버레이션(Collaboration)'을 통해서 해법을 찾을 수 있다.

이러한 시대적 트랜드를 반영하듯 명화를 가전제품에 삽입하는 아트 컬래버레이션이나 다양한 제품에 귀여운 캐릭터 디자인을 입히는 컬래버레이션 마케팅, 또 다른 분야의 아티스트 등이 일시적으로 한 팀을 만들어 작업을 하는 컬래버레이션 공연이나 무대를 흔히 볼 수 있다.

스티브 잡스는 "창조는 서로 다른 것을 연결하는 능력이다"라고 말했다. 새로운 가치를 창조하는 협업형 인간이란 여러 방면에 대한 호기심을 가지고 열린 마음으로 서로 다름을 인정하고 소통하면서 공동의 목표를 추구해 나갈 수 있는 능력을 키우는 것이다.

승무원의 업무도 직업적 특성상 협업를 잘해야 한다. '한 배를 탔다'는 말처럼 같은 비행에 투입된 승무원은 한 팀을 이루는 공동운명체가 되고, 아무리 똑똑하고 잘난 사람도 혼자서는 절대로 비행을 할 수 없다. 운항, 정비 등 다른 분야와 잘 협력해야 하는 것은 물론

이거니와 승무원들 간에도 각자의 서비스 구역에서 맡은 업무를 충실히 하면서 서로 유기적으로 협력할 때 톱니바퀴가 맞물려 잘 굴러가듯 비행이 원활해진다.

승무원에게 컬래버레이션이란

승무원의 업무에서 협업은 어떻게 이루어지고 있을까? 승무원의 역할(Task)과 임무(Duty)는 각자의 직책이나 경력에 따라 아주 세밀하게 구분되어 서비스 구역(Service Zone)이 주어진다. 그에 따라 각자 승무원들이 비행기 안에서 이·착륙 시 앉아야 하는 자리에서부터 승객 탑승이 이루어지는 시간, 서비스 시간, 비상상황 발생 시 위치해야 할 자리와 해야 할 일들이 구체적으로 매뉴얼에 명시되어 있다.

이렇게 세부적인 업무는 일의 효율성을 높이기 위해서 나눈 것이고, 그 업무를 수행하는 과정에서는 끊임없는 소통으로 전체적인 서비스의 흐름을 파악해야 한다. 자신의 업무가 끝나면 다른 서비스 구역의 일을 도와주거나 다른 구역의 손님이 요청한 일도 마다하지 않는 등 승무원은 네 일 내 일을 가리지 않고 협업을 실천한다.

교육훈련원에서 교관으로 사무실 근무를 시작하면서 다른 일반 사무직 부서에 업무요청이나 질문을 할 일이 생겼다. 그런데 그들에게서 돌아오는 대답은 매번 "제 담당이 아닙니다"라는 것이었다. 예를 들어 누구는 비자/여권 담당, 누구는 병가 담당, 휴직/복직 담당처럼 일반직에게는 각자 명확하게 담당업무가 나뉘어있고, 관련한 업무를 혼자 해결하기 때문에 본인이 아니면 아무리 사소한 내용이라도 알 수 없는 것이 당연했다. 다른 부서에 문의를 할 때는 업무에 따른 담당자를 정확히 찾아내어 구체적으로 질문해야 대답을 들을 수 있었다.

승무원인 나에게는 그런 풍경이 정말 낯설었다. 가령 비행기에서 누가 물 한잔을 갖다 달라고 한다면 "손님, 제가 이쪽 서비스 구역을 담당하는 승무원이 아닌데요"라고 말한다는 것은 상상해본 적도 없기 때문이다.

혹은 승객 중에 당뇨병 환자가 있어서 인슐린 주사를 냉장 보관해달라고 승무원에게 맡겼다고 하자. 시간이 지나 주사액이 필요하여 마침 지나가는 다른 승무원에게 아까 맡겼던 인슐린을 돌려달라고 한다면 "저한테 맡기신 건 아니잖아요"라고 할 수는 없지 않은가. 그래서 승무원의 업무는 원활한 커뮤니케이션을 통해 조금이라도 특이사항이 있는 경우에 대해서는 모든 정보를 함께 공유하고 있어야 한다.

비상상황에서의 협업

만약 예기치 않게 사고라도 나서 비상탈출을 하게 되는 상황이라면 어떨까? 승무원들은 각자 맡은 항공기의 비상탈출구에서 문을 열고 승객의 직접적인 탈출을 지휘한다. 탈출구의 개수보다 탑승한 승무원이 더 많을 경우, 남는 수의 승무원들은 어느 한쪽으로만 승객들이 몰려서 탈출이 더 오래 걸리지 않게 기내 중앙으로 뛰어들어가 적절하게 승객들을 유도 분산하고 탈출의 흐름이 끊기지 않도록 승객을 단호하게 밀어붙이는 등 각자 역할을 분담하여 탈출을 최대한 빠른 시간에 효율적으로 이루어질 수 있도록 한다.

승객들의 탈출이 끝나면 각자 평소 배정받은 서비스 구역을 중심으로 기내에 혹시나 남아 있을지 모를 부상자나 의식을 잃고 쓰러져 있는 잔류자가 없는지 확인하고 부상자가 있으면 부축해 이동한 뒤 비행기 밖으로 탈출시킨다. 화장실, 갤리(Galley, 승무원이 근무하는 주방) 등 기내 곳곳까지 남아있는 승객이 완벽하게 없다는 사실을 확인하면 다른 승무원에게 알려준다.

비행기가 비상 착륙한 곳이 공항이 아닌 외딴 곳이라면 탈출 후에 승객들을 보살피고 안내하는 데 필요한 메가폰, 손전등, 응급처치키트(First Aid Kit), 구조신호를 보낼 수 있는 장비 등을 챙겨서 승무원이 제일 마지막에 비행기에서 탈출한다.

이 밖에도 응급환자 발생이나 기내 화재 같은 긴박한 상황은 물론 식사 서비스, 면세품 판매 등 평상시 수행하는 모든 승무원의 업무는 이처럼 효율적으로 업무를 나누되 다 같이 협력하여 일을 처리한다.

좋은 협업은 효율적인 분업과 원활한 의사소통이 뒷받침되어야 한다. 협업을 한다고 모두 다 같은 일에만 매달려 있으면 효율성이 떨어지고, 업무 분담에만 치우치면 공동의 목표를 달성하기 어렵게 된다. 그러므로 진정한 협업은 적절히 할 일을 분산시켜 일의 효율을 높임과 동시에 서로 간의 의사소통을 통해 정보를 공유함으로써 최선의 결과를 이끌어내는 것이다.

당신은 협업의 자질을 갖췄는가?

대한항공은 2017년부터 신입 승무원을 채용할 때 서류전형에서 자기소개서의 질문 양식을 바꿨다. 기존의 자기소개서는 지원 동기와 입사 후 포부를 묻는 두 문항으로 되어있었는데, 새로 바뀐 자기소개서에는 한 문항이 더 추가되었다. 바로 공동의 목표를 달성하기 위해 협업했던 경험과 그 과정에서 본인이 수행했던 역할을 묻는 것이다. 이처럼 협업은 승무원에게 매우 중요한 덕목이다.

협력해서 일을 도모하고 결과를 성취한 과정이 담긴 스토리가 하루아침에 뚝딱 나오지는 않는다. 협업 능력을 키우기 위한 첫 번째 방법으로는 승무원 준비를 다른 사람들과 함께하는 것이다. 먼저 학교 친구들이나 함께 준비하는 사람들이 모여 스터디 그룹을 결성한다. 공동의 목표가 있으므로 함께 공부하면서 갖는 시너지 효과도 생기고 서로의 장·단점에 대한 피드백을 받기도 쉽다. 면접 준비라면 서로 비디오 촬영 등을 하며 의견을 교환해 부족한 점을 보완할 수 있고, 어학 공부를 해도 혼자 도서관에서 하는 것보다 구성원들과 서로 소통하며 연습하는 것이 발음과 실력 향상에 훨씬 유리하다.

두 번째 방법으로는 SNS와 같은 채널을 적극적으로 이용하는 것이다. 단체 채팅방이나 개인 SNS 채널을 통해 정보를 공유하면, 최신 정보도 접할 수 있고 자유롭게 의견과 생각을 나누며 빠르게 변하는 외부환경에 적응할 수 있는 힘도 얻게 된다. 〈토이 스토리〉, 〈니모를 찾아서〉, 〈겨울왕국〉 등 수많은 애니메이션 영화의 흥행 역사를 쓰고 있는 픽사(Pixar)는 전 직원이 모여 준비 중인 작품에 대해 피드백하는 회의를 한다.

여기서는 누구나 솔직하게 의견을 교환하고 신랄하게 이슈에 대해 토론을 벌이는데, 이 내용들은 전 직원에게 공개된다. 이것이 바로 픽사가 자랑하는 전통 '브레인트러스트(Braintrust)'다. 이처럼 SNS를 활용한 소통은 누구나 장애물 없이 자신의 생각과 의견을 나눌 수 있는 커뮤니케이션 시스템을 만들어내고 이를 통해 진정한 협업의 효과를 낼 수 있다.

세 번째 방법으로는 감성지능(EQ, Emotional Intelligence)를 높이는 것이다. 감성 지능이 높으면 열린 마음으로 상대방을 존중하고 이해하게 되므로 협업 능력을 키우는 데 도움이 된다. 그러기 위해서 동호회 활동이나 봉사활동을 하는 것도 좋다.

> "누군가는 성공하고 누군가는 실수할 수도 있다. 하지만 이런 차이에 너무 집착하지 말라. 타인과 함께, 타인을 통해서 협력할 때에야 비로소 위대한 것이 탄생한다."
>
> \- 앙투안 드 생텍쥐페리

경험상 아무리 힘든 비행을 만나도 크루(Crew, 승무원) 간의 팀워크가 좋으면 분위기도 즐겁고 피로도 훨씬 덜했다. 우리는 그럴 때마다 스스로를 '드림팀'이라 부르며 서로를 격려했다. 승무원은 언제나 함께여서 좋은 직업이다.

배움은 가장 훌륭한 재테크

현명한 투자자

2019년 미국 경제지 〈포브스〉가 발표한 바에 따르면, '투자의 귀재'라 불리는 미국의 기업가이자 투자가 워런 버핏은 아마존의 최고경영자 제프 베조스(Jeff Bezos), 마이크로소프트의 창업주 빌 게이츠에 이어 세계 부자 순위 3위에 올랐다.

여기서 특이한 점은 제프 베조스와 빌 게이츠는 이윤을 창출하는 사업을 경영하는 경영자이지만, 워런 버핏은 오직 투자만으로 자산을 불린다는 것이다.

워런 버핏이 나고 자란 미국 네브래스카의 소도시 오마하를 따 '오마하의 현인'이라고도 불리는 그는 기업의 미래가치를 보고 투자하는 가치투자로 큰 성공을 거두었다. 그리하여 매년 그가 주최하는 주주총회에는 전 세계에서 4만 명이 넘는 사람들이 그의 투자비법에 대한 의견을 듣기 위해 몰려든다. 또한 1년에 한 번씩 점심식사를 함께하는 '버핏과의 점심' 행사에는 참가자를 경매로 선정하는데 해마다 가격이 올라 2019년 낙찰가는 한화로 54억 원이 넘기도 했다.

투자 역사상 가장 위대한 투자가인 그는 "자기 자신에게 투자한다면 이는 그 누구도 빼앗아가지 못합니다. 여러분이 하실 수 있는 최고의 투자는 스스로에게 투자하는 것"이라고 말한다. 배움이야말로 자신의 가치를 높일 수 있는 가장 확실한 방법이기 때문이다.

무슨 일을 하든 지식이나 교육은 필수적인 요소다. 가령 영어를 가르치는 일을 하고 싶다면 영어를 먼저 공부해야 하고, 화가가 되고 싶다면 아름다운 것을 많이 보고 느끼는 데에 시간을 써야 할 것이다. 작가가 되려고 하는 사람은 새로운 것을 많이 읽고 보고 경험하는 공부가 필요하다. 승무원이 되기 위해서는 건강한 체력, 외국어 능력, 서비스 마인드와 매너, 글로벌 에티켓 등을 갖추어야 한다.

과감한 투자는 고수익을 보장한다?

버핏은 왜 '배움'을 '투자'라고 표현했을까? 투자는 이익을 얻기 위해 어떤 일이나 사업에 자본을 대거나 시간이나 정성을 쏟는 것을 말한다. 배움을 통해 자신이 벌어들일 수 있는 수익의 역량을 크게 확대할 수 있으므로 결국 투자의 특성과 일맥상통한다. 그리고 무엇보다 배움에는 돈이 든다.

그럼 이제 '배움'이라는 확실한 투자처를 찾았으니 과감하게 투자하면 결과도 좋을까? 내 인생을 건 최고의 투자를 하기로 했으니 고액 과외와 전문가로부터 이미지 컨설팅을 받고 최고의 강사진으로 구성된 어학원에 등록을 한다.

통 크게 투자를 했으니 승무원의 길은 이미 환히 열린 것만 같다. 게다가 승무원에 어울리는 외모를 가꾸기 위해 좋은 옷을 사 입고, 헤어와 메이크업에 많은 돈을 쏟아부으며 심지어 피부 미용이나 온갖 시술, 성형까지도 투자라고 생각하고 과감하게 시도한다.

하지만 아쉽게도 투자의 수익률은 반드시 투자금액에 비례하는 것이 아니다. 게다가 자신에 대한 투자는 '난 소중하니까'라며 외모를 치장하는 소비성 투자를 의미하는 것은 더더욱 아니다. 외적인 요소는 좋은 인상인지를 보는 것이지 외모를 보는 것이 아니기 때문에 면접을 앞두고 비교적 단기간에 만들 수도 있다.

여기서 말하는 투자는 나의 가치와 소득수준을 높여줄 수 있는 교육에 대한 투자를 말하는 것이다. 먼저 내실을 튼튼히 하지 않고 비싼 돈을 들여 미용실에 가서 속눈썹까지 붙여가며 면접용 풀 세팅을 했지만 면접에 번번이 떨어지는 사람을 보면 너무 안타깝다. 정작 중요한 것은 놓치고서는 여러 군데 면접을 볼 때마다 저렇게 꾸미려면 얼마나 돈이 들까 하는 생각에서였다.

최소비용으로 최대효과를 내는 것이 가장 현명한 투자이고, 무엇보다도 중요한 문제는 누구나 자본이 한정되어 있다는 것이다. 그러므로 자기 자신에게 하는 투자도 전략이 필요하다.

절대로 실패하지 않을 투자 전략

우리에게 가장 큰 자산은 다름 아닌 자기 자신이다. 승무원이 되기 위한 역량을 키우고 자신의 가치를 높일 수 있는, 다음과 같은 두 가지 투자 전략을 이용한다만 절대로 실패하지 않을 것이다.

1. 투자의 우선순위를 정한다

한정된 자본으로 최대효과를 내기 위해서는 먼저 투자의 우선순위를 세워야 한다. 본인을 가장 잘 빛낼 수 있는 장점을 강화하는 데 우선적으로 투자하자. 여기서 중요한 것은 기준이 자기 자신이라는 데에 있다. 자신을 돌아보고 어떤 부분에서 경쟁력을 가지고 있는지, 어떤 부분을 보완해야 하는지 먼저 분석한다. 그러고 나서 자신이 가장 잘할 수 있고, 자신 있는 분야의 전문성을 키우는 데에 먼저 집중한다. 어떤 분야이든 상관없다. 앞서 취미생활도 경쟁력으로 만들 수 있다고 이야기한 것처럼 어떤 일이든 꾸준히 어느 정도 전문적인 수준까지 오르게 되려면 힘든 고비가 오게 마련이다. 하지만 자기가 가장 관심 있고 재미있는 일은 그나마 그 고비를 수월하게 넘을 수 있는 힘을 주기 때문에, 어떤 한 분야를 먼저 파고드는 경험은 무척 소중하다. 어떤 분야이든 일정 수준 이상으로 올라가 보는 어려움, 인내력, 그로 인한 성취감을 한 번 느껴본 사람만이 어떤 일이든지 도전할 용기가 생겨나는 것이기 때문이다.

인사법, 미소 연습, 워킹이나 자세, 자기소개서 준비와 같은 승무원 면접을 위한 준비는 그 이후에 해도 늦지 않다. 오히려 장점을 강화하고 나면 면접 준비가 더 쉬워진다.

2. '시간'을 투자한다

'일찍 일어난 새가 벌레를 잡는다'는 말처럼 남들보다 앞서가기 위해서 더 일찍부터 시작하는 것도 좋은 전략이다. 승무원으로서 필요한 진정한 소양을 갖추는 근본적인 투자는 시간이 오래 걸린다. 예를 들어 체력은 꾸준한 운동을 통해서 길러지고, 외국어 실력도 단기간에 완성되지 않는다. 또한 책을 많이 읽고 다양한 경험을 통해 공감 능력을 기르는 것으로 서비스 마인드를 키울 수 있고, 여행을 하거나 다양한 분야의 사람들을 많이 만남으로써 에티켓과 매너를 몸소 익힐 수 있다.
만약 채용공고가 나오고 나서 이러한 준비를 한다면 제대로 준비하기에는 너무 늦다. 승무원으로서 갖추어야 할 기본적인 자질부터 탄탄히 쌓아 올리기 위해서는 '돈'보다 '시간'이라는 자원을 더 투자해야 한다.

에필로그

절대로 포기하지 마라

단 한 번의 성공을 위한 수백 번의 실패

항공기 사고의 약 80%에 해당하는 대부분의 사고는 이착륙 순간에 일어난다. 활주로라는 한정된 공간에서 활주로의 길이, 항공기의 속도, 무게, 고도, 바람의 방향과 세기 등 수많은 변수를 계산해 균형을 잡고 안전하게 이착륙하는 것이 어렵기 때문이다.

기종마다 조금씩 다르긴 하지만 기체 무게, 연료 무게, 탑승한 사람들과 수하물의 무게까지 더하면 대체로 약 300톤 정도가 된다. 아무리 많은 이착륙을 경험했어도 이만한 중력을 이겨내고 하늘로 떠오르는 순간에는 약 3톤 정도의 몸무게를 가진 코끼리 100마리가 한꺼번에 하늘을 나는 격이니 과학 기술이 참 신통하다는 생각도 든다.

오늘날과 같은 항공 시대를 열게 된 최초의 비행기는 엔진을 장착하고 사람이 탑승해 조종이 가능한 유인 비행을 성공시킨 라이트 형제에서부터 시작되었다. 라이트 형제가 발명한 '플라이어(Flyer) 1호'는 1903년 12월 17일 처음으로 비행 실험에 성공한다. 하지만 성공의 그날을 맞이하기까지 방대한 서적과 논문을 연구하며 805번이나 실험 비행을 했지만 실패를 거듭했다. 자전거 수리점을 하면서 번 돈을 모두 비행기 연구에 쏟아부으면서 어렵게 이어나갔던 수많은 실험 과정에서 실패를 견디지 못하고 도중에 포기했다면 지금 우리는 아무도 라이트 형제를 기억하지 못할 것이다. 숱한 실패에도 멈추지 않고 도전을 거듭한 결과 마침내 그들은 비행에 성공했고, 1909년에 라이트 회사를 설립하여 본격적인 비행기 사업을 시작할 수 있었다.

발명왕으로 불리는 에디슨(Thomas Edison)은 전구를 발명하기까지 147번의 실패를 겪어야만 했다. 포기하지 않고 끝내 실험에 성공했기에 오늘날까지 이어져 내려오는 세계적인 디지털산업 제조업체인 제너럴일렉트릭(General Electric Company)사를 설립할 수 있었다.

진정으로 승무원이 되고 싶은가

승무원 지망생도 사람이다. 아무리 원대한 포부를 가지고 승무원에 도전한다고 하더라도 자꾸 면접에 떨어진다면 기운이 빠지고

의기소침해질 수밖에 없다. '되지도 않는 일에 무모하게 도전하는 걸까?'라는 생각이 들며 포기하고 싶은 순간도 온다. '난 승무원에 어울리지 않는 사람인 것 같아' 하면서 자신감도 떨어진다.

정말 포기하고 싶은 순간이 찾아오면 그때는 정말 진지하게 자신을 돌아보아야 한다. 단순한 동경의 대상으로 승무원이 되고 싶은 것인지, 아니면 승무원이라는 직업이 가지고 있는 힘든 점까지도 감수할 수 있는지 스스로에게 질문해본다. 지금 포기하고 나면 나중에 세월이 흘렀을 때 '그때 조금 더 노력할걸', '한 번만 더 도전해볼걸' 하고 후회하지 않을 자신이 있는지, 포기해도 더 이상 미련이 없을 것 같으면 다른 더 나은 길을 찾는 것도 현명한 방법이다.

하지만 시간이 갈수록 후회할 거라면, 마음 한구석에 못다 이룬 꿈을 품고 내려가지 않는 체증처럼 안고 살 거라면 도전할 수 있는 지금 이 순간은 다시는 돌아오지 않는다. 아직도 승무원의 꿈을 이룬 자신의 모습을 상상만 해도 가슴이 벅차오른다면 포기하지 말고 상위 1%의 승무원이 될 수 있도록 더 노력하자.

한 기자가 오빌 라이트(Orville Wright)에게 "비행기를 개발하는 과정에서 언제 가장 흥분을 느꼈습니까?"라는 질문을 던졌다. 사람들은 역사상 최초의 비행기가 이륙하는 순간, 즉 숱한 실패 끝에 이뤄낸 성공의 순간이었을 것으로 예상했다. 하지만 그의 대답은 모두의 예상을 깼다. "비행을 하지 않을 때 더 전율을 느꼈습니다. 무슨 말이냐고요? 비행 전날 침대에 드러누워 다음 날 비행이 얼마나 짜릿할지를 생각할 때가 가장 흥분되었으니까요."

꿈을 이룬 나의 모습을 상상하는 건 정말 흥분되는 일이다. 나의 가슴을 뛰게 하는 일은 내가 또다시 도전할 수 있게 만들어주는 원동력이 된다.

포기하지 않는 한 실패는 없다

영국의 뛰어난 정치가이자 웅변가인 윈스턴 처칠(Winston Churchill)은 2차 세계대전으로 독일의 나치에게 국가가 점령당할 위기에 처했을 때 용감하게 전쟁을 이끌며 훌륭한 지도자로서 활약했다. 또한 강연도 많이 했으며, 그가 저술한 회고록은 노벨 문학상을 받을 정도로 언변과 집필에 뛰어난 사람이었다.

한 번은 처칠이 명문 학교인 옥스퍼드 대학에서 졸업식 축사를 하게 되었다. 전직 수상이자 시인, 예술가, 작가, 전쟁특파원, 남편과 아버지로서 살아온 풍부한 인생 경험을 가진 그가 졸업을 앞둔 학생들에게 어떤 조언을 해줄지 천여 명이 넘게 모인 사람들은 숨을 죽이고 그의 연설을 기다렸다. 그는 연단에 서서 청중을 바라보며 한참을 침묵했다. 긴 침묵을 끝내고 그가 힘을 주어 나지막하게 내뱉은 첫 마디는 간단했다. "포기하지 마십시오(Don't give up)." 침묵이 흘렀다. 그리고 그는 조금 더 큰소리로 외쳤다. "절대로 포기하지 마십시오(Never give up)!" 또 다시 한참 동안 침묵이 흘렀다. 마침내 침묵을 깬 그의 목소리는 강당이 떠나갈 듯 쩌렁쩌렁 울려 퍼졌다. "무슨 일이 있어도 절대로 포기하지 마십시오(Don't you ever and ever give up)!" 그렇게 연설을 끝내고 처칠은 천천히 연단을 내려와 퇴장했다. 그 순간 강당은 우렁찬 박수갈채 소리로 뒤덮였고 그가 완전히 사라지고 나서도 박수갈채는 계속 이어졌다.

단 3문장으로 끝난 이 짧지만 강력한 축사는 그 어떤 강연보다

긴 여운을 남겼다. 무슨 말이 더 필요하겠는가? 그리고 처칠은 본인이 살아온 평생의 굴곡진 삶에서 얻은 깨달음의 전부를 이야기한 것이다. 포기하지 않으면 실패도 없다. 앞으로 얼마나 많은 실패를 견뎌야 성공할지 알 수 없어 힘들더라도, 눈에 보이지 않는다고 존재하지 않는 것은 아니다.

정말 간절히 이루고 싶은 일이 있다면 절대로 끝까지 포기하지 마라. 성공한 나의 모습을 매일 상상하라. 실패가 결말이 되는 것은 내가 단념하는 그 순간이다. 열정이 살아있는 한 될 때까지 노력하고 도전하면 된다. 수없이 많은 실패를 하더라도 마지막에 이루는 단 한 번의 성공은 그 모든 시행착오의 과정을 만회할 수 있다. 실패는 아무리 많이 해도 성공은 단 한 번만 이루면 된다는 걸 생각하면 훨씬 유리한 게임이라고 할 수 있지 않을까?

새벽은 해뜨기 직전이 가장 어둡다고 하지 않는가. 꿈을 위한 노력을 멈추지 않고 있다면 분명히 성공에 한 걸음 더 다다른 것이다. 당신의 꿈을 이뤄줄 수 있는 세상에서 유일한 단 한 사람은 바로 당신이다.

참고문헌

기사

- 강훈상, 탑승 300명 탈출 직후 '펑'…두바이 동체착륙에도 침착한 대응, 〈연합뉴스〉, 2016.08.04
- 공태윤·박종관·양길성·최다은, 바늘구멍도 막혔다… 청년실업 '팬데믹', 〈한국경제〉, 2020.06.11
- 권윤희, [월드피플+] 러 여객기 참사에도 '영웅'은 있었다…승무원의 살신성인, 〈나우뉴스〉, 2019.05.06
- 길소연, 대한항공 채용, 자소서 "승무원 자질·최고의 서비스·협업 경험" 강조…제출 전 체크사항, 〈글로벌이코노믹〉, 2017.08.01
- 김성훈, '기적'을 낳은 카를로스 곤의 협업 리더십, 〈한경비지니스〉, 2018.05.09
- 김인완, 3만피트 상공서 긴박한 기내 출산, 〈한국경제〉, 2010.11.17
- 박가영, 그저 예쁘고 친절한 사람? 고통받는 승무원들, 〈머니투데이〉, 2019.08.25
- 손고은, 2019년 상장 여행사·항공사 사업보고서- 영업 실적 일제히 뒷걸음 기록, 직원 줄고 연봉은 소폭 '상승', 〈여행신문〉, 2020.04.02
- 송강섭, AI는 인간 의사 대체할까, 〈사이언스타임즈〉, 2017.04.05
- 신현만, 직원 이직은 관리자의 '주홍글씨' 아니다, 〈한경비즈니스〉 제1185호, 2018.08.15
- 양철기, 뒤센 미소, 〈충청타임즈〉, 2017.02.01.
- 윤석만, 두 얼굴의 애덤 스미스, AI 시대의 공감능력, 〈중앙일보〉, 2017.10.21
- 장하나, 국제선 여객 96% 급감… 대형사부터 하청사까지 항공업 '곡소리', 〈연합뉴스〉, 2020.04.05
- 정남구, 워런 버핏, 올해 하루에 391억 원 벌었다, 〈한겨레〉, 2013.12.20
- 정윤주, '승무원도 울었다' 공포 안긴 발리행 에어아시아, 〈YTN〉, 2017.10.16
- 허윤하, 이노근 "항공사 승무원 고졸 출신 없어"… 학력차별 우려, 〈데일리중앙〉, 2014.11.26
- 홍준기, 호흡 멈춘 두 살, 두 손가락으로 살린 승무원, 〈조선일보〉, 2016.04.27

도서

• 프레드 루당스·캐럴린 유세프, 브루스 아볼리오, 김강훈·김정기·박상만 역, 《긍정심리자본》, 럭스미디어, 2012

인터넷 자료

• 감정노동[感情勞動], 네이버 지식백과, 트렌드 지식사전
• 거울 뉴런, 네이버 지식백과
• 에릭 페레·리오넬 메예르, 《럭셔리 애티튜드》, 미래의 창, 2010, 인터넷 교보문고 제공 출판사 서평
• 인구보건복지협회 보도자료, [본부] 2020 세계인구현황보고서 한국어판 발간, 2020.06.30
• 지식채널e-눈맞춤의 힘, www.youtu.be/Yd2b9UkwdUY
• 출근길이 설레는 성공적인 인생, www.youtu.be/I9TsMkMIRVw
• 한진그룹 중장기 발전 방안에 대한 보도자료, 〈KCGI Fund〉, 2019.02
• 황상익, 수명 이야기 (1), 다산연구소 다산포럼, 2013.05.21
• How To Spot Real Happiness, www.eileenogrady.net/How-To-Spot-Real-Happiness

북큐레이션 • 원하는 곳에서 꿈꾸고 가슴 뛰는 삶을 살고 싶은 이들을 위한 책

《합격하는 승무원은 따로 있습니다》와 함께 읽으면 좋은 책. 남보다 한 발 앞서 미래를 준비하는 사람이 주인공이 됩니다.

누구에게나 인생 직업은 있다

이우진 지음 | 15,000원

"나도 내가 뭘 하고 싶은지 모르겠어"
매일 뭐 해서 먹고살지 고민하는 어른을 위한 해답서

흔히 진로에 대한 고민은 청소년 시기에 하는 것이라 생각한다. 하지만 자신이 어떤 일과 잘 맞고 흥미 있어 하는지 제대로 알지 못하면 원하지 않는 전공을 선택하거나 기존에 쌓았던 커리어가 물거품이 되기 쉽다. 이 책은 뭘 하며 먹고살아야 할지 더 이상 방황하지 않고 인생 직업을 찾을 수 있도록 이에 필요한 개념과 사례를 들어 알려준다. 또한 꼭 가고 싶은 직장을 만났을 때 면접관에게 돋보일 수 있는 다양한 스킬들을 소개한다. 인생의 방황을 끝낼 수 있는 기회를 이 책과 함께 붙잡길 바란다.

아주 작은 도전의 힘

라수진 지음 | 13,800원

"도전도 스펙이다"
꾸준한 도전으로 커다란 성취를 경험하라!

많은 사람들이 목표를 향한 도전을 미루거나 회피한다. 때로는 결과가 잘못될까 봐 불안하다는 이유로 시도조차 안 하기도 한다. 그러나 사실은 하고 싶은 의지가 없거나 현재의 자리에 안주하는 것에 익숙해 있는 건 아닐까? 자신만의 안전지대(Safety Zone)를 벗어나 위험을 감수하고 도전할 때 제2의 인생으로 도약할 수 있는 기회가 온다. 소소하지만 꾸준한 노력으로 성취감을 얻고 싶은 사람들 모두에게 이 책은 누구나 생활에서 실천할 수 있는 작은 도전의 성공으로 자신감을 얻고 인생의 터닝 포인트를 만들 수 있는 길을 안내해줄 것이다.

나는 오늘도 왕관을 쓴다

이예령 지음 | 15,000원

미인대회 10관왕은 아무나 얻을 수 없다!
남다른 커리어로 퍼스널 브랜딩에 날개를 더하라

이제는 퍼스널 브랜딩 시대다. 남들이 쉽게 갖지 못하지만 한번 가지면 오랫동안 사람들의 머릿속에 남는 방법에는 무엇이 있을까? 단 하나의 타이틀만으로도 내가 가진 많은 '끼'를 보여줄 수 있는 방법이 바로 여기, '미인대회'에 있다! 163센티미터의 키와 평범한 외모에도 '미인대회 10관왕'을 이뤘던 이예령이 10개의 상을 거머쥘 수 있었던 특급 노하우를 공개한다! 나만의 멋진 타이틀을 만들고 싶은가? 취업을 준비하면서 다른 지원자들과는 차별성 있는 스펙을 준비하고 싶은가? 이제 미인대회를 통해 스스로의 가치를 훨씬 더 높여보자!

나를 브랜딩하는 스피치 기술

이명희 지음 | 14,500원

자신의 가치를 높이고
소통력을 키우는 스피치의 기술

스펙도 넘치고 외모도 근사한 데다 직업도 좋은데 사람들에게 호감을 주지 못하고 인정받지 못한다면 자신의 스피치 능력과 듣는 자세를 돌아보자. 이 책은 '제대로' 말하는 법은 물론이고 스스로를 적절히 표현해서 자존감을 높이고 존재감을 드러내어 실력을 제대로 인정받는 법까지 구체적으로 안내해준다. 멋으로 치장하는 겉치레 말이 아니라 진심으로 사람에게 다가가 본심을 전달하고 세상과 소통하여 변화를 꾀하고 싶은 모든 이들에게 이 책은 '현명한' 말의 기술을 알려줄 것이다.